Nikolaos D. Hasanagas

Äußere Handlungsfähigkeit und innere Strukturen von Organisationen

Titelbild: Hans-Eberhard Kutscher

Nikolaos D. Hasanagas

ÄUßERE HANDLUNGSFÄHIGKEIT UND INNERE STRUKTUREN VON ORGANISATIONEN

ibidem-Verlag
Stuttgart

Bibliografische Information Der Deutschen Bibliothek

Die Deutsche Bibliothek verzeichnet diese Publikation in der Deutschen Nationalbibliografie; detaillierte bibliografische Daten sind im Internet über <http://dnb.ddb.de> abrufbar.

∞

Gedruckt auf alterungsbeständigem, säurefreien Papier
Printed on acid-free paper

ISBN: 3-89821-390-0

Printed in Germany

An die Gewerkschaften und Streikenden Griechenlands, die dank ihrer effektiven und langjährigen Tradition, die Interessen der Arbeitnehmer zu verteidigen, im Jahr 2001 die nationale Wirtschaft lähmten. Sie haben damit den Sozialabbau trotz der Forderung der Globalisierung gestoppt.

An alle Undisziplinierten, die Kontrolle dem Vertrauen zu dem jeweils Mächtigen vorziehen, die industriell und staatlich gesteuerten Machtzentralismus mit seinen unvorhersehbaren Resultaten ablehnen. Sie haben demgegenüber durch individuelles Denken, Pluralismus der Interessen, und den Ausgleich der politischen Kräfte eine überlebensfähige Demokratie entwickelt.

Αφιερώνεται

στα συνδικάτα και τους απεργούς της Ελλάδος, που χάρη στην αποτελεσματική και πολυετή παράδοση που ανέπτυξαν στην κοινωνική άμυνα, διέσωσαν το Σεπτέμβριο του 2001 με την πανελλαδική κινητοποίηση το Κράτος Πρόνοιας ενάντια στις επιταγές της παγκοσμιοποίησης.

σε όλους εκείνους οι οποίοι προτιμούν να ελέγχουν τον εκάστοτε ισχυρό παράγοντα αντί να τον εμπιστεύονται, αρνούνται τον συγκεντρωτισμό δύναμης με τις απρόβλεπτες εξελίξεις του, που κατευθύνεται από τα μονοπώλια και το κράτος, και έχουν αναπτύξει μια βιώσιμη δημοκρατία μέσα από την άσκηση της ατομικής σκέψης, τον πλουραλισμό συμφερόντων και την εξισορρόπηση πολιτικών δυνάμεων.

Dank

Ich bedanke mich bei meinen Freunden und Weggefährten, Herrn Prof. Efstathios Polichroniadis, Herrn Panagiotis Vafidis, Herrn Dr Fanis Missirlis, Frau Argiro Droulou, Herrn Alexandros Soultanopoulos, Herrn Dr Nikolaos Dimopoulos, Frau Lia Sofianou, Frau Christina Popi, Herrn Dr Alexander Bittner, Frau Anke Engbert, Frau Natalia Kyriakidi, Frau Binnie Feierabend, Herrn Marios Skempis, Frau Georgia Manafi, Herrn Nikolaos Papadogiannis und Frau Fotini Bratsika, für die substanzielle Dialektik über Politik und Gesellschaft.

Mein Dank gilt auch Herrn Prof. Max Krott, Herrn Prof. Wolfgang-Sighard Rosenbaum und Herrn Heiko Garrelts für ihre Kommentare.

Inhaltsverzeichnis

1. Einführung

Macht bedeutet Durchsetzungsfähigkeit und ist keine spezifische Beziehung, sondern eine universelle Eigenschaft, die alle Beziehungen bezeichnet (POPITZ 1992): Marktbeziehungen (Händler-Kunden), Generationenbeziehungen (Eltern-Kinder), Geschlechterbeziehungen (Männer-Frauen) etc. Die Machtform kann von (physischer) Gewalt bis hin zur ‚friedlichen' Überredung reichen. Hier wird die Macht der Organisationen (Handlungsfähigkeit) diskutiert.

Eine Organisation besteht in der Zusammenlegung von Ressourcen, die durch eine gewisse Hierarchie zu einem bestimmten Zweck verwendet werden (BÜSCHGES/ ABRAHAM 1997). Die Macht ist schon in dieser Definition immanent; die Hierarchie soll Macht auf die Mitglieder ausüben, um ihre Ressourcen nach einer bestimmten Strategie zu koordinieren, und die inneren Kräfte in äußere Handlungsfähigkeit umzuwandeln (die unorganisierten Kräfte von vielen Freiwilligen sollen in eine Richtung organisiert werden, damit z.B. eine Mauer gestürzt oder ein Damm gebaut wird.) Und dies ist der Unterschied zwischen ‚Organisation' und anderen Arten und Formen von Gruppen[1]: Eine Organisation übt Macht nach innen und nach außen aus (TÜRK 1995:288). Das ist aber nicht so einfach, da eine effektive Organisation möglichst viele Handlungsmöglichkeiten haben soll, aus denen eine ausgewählt werden muss. Und dann entsteht die kritische Frage: wer soll diese Entscheidung treffen und von den anderen gefolgt werden?

---

[1] ZINTL (1993) unterscheidet noch 1993 drei Arten und Formen von Gruppen: „Assoziation", die weder innere noch externe Herrschaft anstrebt sondern nur spezifische Kooperation wie eine Studentenarbeitsgruppe, „Clique", die nur externe Herrschaft anstrebt (Verschaffung von Vorteilen innerhalb zu Lasten der Umwelt), und „Clan", die nur interne Herrschaft anstrebt, wie eine Zunft.

Das Forschungsinteresse dieser Analyse gilt dem Verständnis der de facto komplexen kausalen Beziehungen zwischen inneren Organisationsstrukturen und externer Handlungsfähigkeit (Machtposition) einer Organisation durch Verwendung einer Vielfalt von relevanten Ansätze und nicht durch eine kritische Analyse von Theorien.
Verschiedene Typen von Organisationen sind vorgeschlagen worden, die der obigen Definition entsprechen (PFEIFFER 1976:16): ökonomische Organisationen (Betriebe), staatspolitische Organisationen (Staatsbürokratie), kulturelle Organisationen (Schulen) und sozialintegrative Organisationen (Verbände). In der vorliegenden Studie wird der Autor vorwiegend Beispiele von Verbänden fokussieren, da deren Natur am besten bekannt ist. Darüber hinaus lässt sich an ihnen die Bedeutung der inneren Strukturen für die äußerliche Handlungsfähigkeit illustrieren, da das Ziel die Konfliktlösung und die Motivation von Humankapital ist.

1.1 Hypothesen und Fragestellung

Unter Handlungsfähigkeit wird die Fähigkeit eines Verbands verstanden, in seiner Umwelt Macht zu entwickeln. Dies bedeutet die Fähigkeit Hindernisse zu überwinden um zu überleben und das Verhalten der anderen Akteure (Verbände, Staatsinstitutionen, Parteien, Unternehmen) zu kontrollieren, um das erwünschte Ergebnis zu bewirken. Zu diesem Erfolg kann eine Organisation entweder durch ihre Überredungsfähigkeit oder ihr Drohpotenzial gelangen (Dimensionen der Handlungsfähigkeit, s. unten). In der organisationssoziologischen Literatur sind drei **Grundhypothesen** zur Handlungsfähigkeit einer Organisation vertreten:

1. Die Handlungsfähigkeit einer Organisation hängt von ihrer Fähigkeit ab, sich ihrer Umwelt[2] anzupassen, die sich ständig wandelt. Diese Wandlungen werden diejenigen Organisationen überstehen, die ihre Strategie schnell umgestalten können. Eine Organisation, die ihre inneren Kräfte disziplinieren und so zuverlässige und schnelle Versprechen an dritte Akteure einlösen und neue Chancen nutzen kann, gewinnt an Überredungsmacht und Drohpotenzial. Dies setzt voraus, dass ein Vorstand schnell (ohne z.B. zeitaufwendige Generalversammlungen) für die Mitglieder verbindliche Entscheidungen treffen und damit zuverlässige Versprechen bei Verhandlungen geben kann. Diese Hypothese basiert auf der Kontingenztheorie von LAWRENCE/ LORSCH 1967 und indirekt auf der Agententheorie von COLEMAN (der Vorsitzende muss flexibel genug handeln dürfen, damit die Organisation anpassungsfähig ist).
Der Autor wird argumentieren, dass zwei innere Strukturen diese effektive Flexibilität direkt fördern: starke *Zentralisierung* der Entscheidungskompetenz und *Professionalisierung*.

2. Die Handlungsfähigkeit hängt noch von den Ressourcen einer Organisation ab. Allerdings besitzt eine Organisation keine eigenen Ressourcen, sondern muss diese in ihrer Umwelt erkennen und erschließen (Resource-Dependence-Modell von PFEFFER/ SALANCIK 1978). Diese Ressourcen begünstigen das Drohpotenzial und die Überredungsmacht der Organisation und können verschiedenartig sein (neue Mitglieder, Freiwillige, Informationen, Bündnispartner und Anlaufstellen, Finanzierungsquellen)[3]. Argumentiert wird, dass die Fähigkeit Ressourcen zu erkennen und

---

[2] Umwelt bedeutet in diesem Fall ökonomische, technische, soziale, gesetzliche, oder politische Bedingungen.

[3] Die Finanzierungsquellen werden von den meisten Verbandsfunktionären als die wichtigste Art und Form von Ressourcen betrachtet, die in jede andere Form umgewandelt werden kann (z. B. ein Verband, der über größere Finanzquellen verfügt,

zu erschließen von drei inneren Strukturen verstärkt wird: *Heterogenität* der Aufgabendomänen, *Multidisziplinarität* und *räumliche Ausbreitung* (lokale Stellen der Organisation) (HALL 1996:84)[4].

3. Die Handlungsfähigkeit einer Organisation hängt auch von spezifischen inneren Mitteln ab, die nur diese Organisation besitzt (GIRSCHNER 1990, HORSTER 1997, HALPERT 1974, BURKOLTER-TRACHTEL 1981). Auf diese Weise sind die anderen Akteure auf diese Organisation angewiesen. Solch ein inneres Mittel, welches der Autor in der vorliegenden Untersuchung fokussiert, ist die *gesetzliche Autorität*, die das Drohpotenzial verstärkt. Diese kann die Form der Eigentumsrechte oder der Tarifautonomie erhalten. Die Tarifautonomie wird als Beispiel ausführlicher diskutiert, während die Eigentumsrechte nur gelegentlich aufgegriffen werden (HALL 1996, WEITBRECHT 1969, MÜLLER-JENTSCH 1986).

Die hier gestellten Hypothesen sind nicht so selbstverständlich und unwiderlegbar wie sie vielleicht manchen Lesern klingen, da eine Organisation nicht alles gleichzeitig haben kann. Große Heterogenität und hohe Zentralisierung z.B. begünstigen jeweils die Ressourcenerschließung und die Flexibilität. Doch häufig sind diese beide Strukturen nicht vereinbar (dies ist diese klassische Frage der Vereinbarkeit von Legitimität und Zieleffektivität), während manche Strukturen besonders vereinbar aussehen (z.B. gesetzliche Autorität und Zentralisierung). Aus dem unterschiedlichen Vereinbarkeitsgrad entsteht die Notwendigkeit einer Typologie. Darüber hinaus weisen diese Strukturen gewisse Nachteile auf, die nicht direkt offensichtlich sind. Diese Nachteile werden in den folgenden

---

kann damit effektivere Öffentlichkeitsarbeit praktizieren und mehr Mitglieder oder Freiwillige anlocken).

[4] Alle diese drei Strukturen sind spezifische Dimensionen der horizontalen Ausdifferenzierung bzw. Komplexität einer Organisation.

Seiten analysiert. Es erscheint vielleicht selbstverständlich, dass diese Strukturen die Handlungsfähigkeit begünstigen, aber es ist nicht ganz klar ‚wie'. Es ist deswegen sinnvoll, dass Funktionen, die auf Verstärkung der Machtposition außerhalb hinauslaufen, innerhalb der Organisation diskutiert werden.

Der Autor wird die obigen Hypothesen möglichst mit Beispielen illustrieren und versuchen die folgenden **Fragen** zu beantworten: a. Wie diese Strukturen funktionieren- durch welche Mechanismen sie auf die Handlungsfähigkeit einwirken und welche Nachteile sie aufweisen können, b. welche Interaktionen es zwischen diesen Strukturen gibt (welche sind Bedingungen der Vereinbarkeit), c. welche Kombinationen von Strukturen die Verbände in der Praxis anwenden können, um ihre Zieleffektivität zu verbessern und zugleich ein gewisses Mindestmaß an Legitimität abzusichern.

Es wäre ein erfreuliches Ergebnis, wenn Organisationstheoretiker und -praktiker sowohl einen Überblick gewinnen als auch Anregungen für Einzelfragen durch dieses Werk erhalten. Der Autor hofft, dass dieses Werk die entsprechende Lücke in der deutschsprachigen Literatur ergänzt. Er hofft auch, dass die Praxisempfehlungen am Schluss verständlich und geeignet sind, um Praktiker auf Zusammenhänge hinzuweisen, die es ihnen ermöglichen ihr Handeln besser zu verstehen und zu steuern.

1.2 Methodologie

Wie oben angemerkt, gilt das Forschungsinteresse dieser Analyse den de facto komplexen kausalen Beziehungen zwischen inneren Organisationsstrukturen und externer Handlungsfähigkeit einer Organisation. Deshalb wird eine umfassende qualitative Herangehensweise befolgt. Diese besteht aus logischen Argumenten, empirischen Beispiele und Literaturauswertung. Letztere bietet zusätzliche logische Argumente für unsere Fragen sowie organisationssoziologische Ansätze, die illustriert und durch unsere Argumentation weiter unterstützt werden. Diese Ansätze nutzen zum besseren Verständnis der Organisationsstrukturen und integrieren die Argumente in die bestehende Theorie, so dass sie für weitere theoretische Diskussionen geeignet werden.

Zugleich wird keine kritische Gegenüberstellung organisationstheoretischer Ansätze vorgenommen, die zu einer Reduktion von Faktoren und damit zu einer Übervereinfachung führen würde, die nur sehr bedingt realitätsnah wäre. Die Reduktion von Faktoren erfolgt sowieso nur durch variabelorientierte (quantitative) Untersuchung, die ‚viele' Fälle in bezug auf ‚wenige' Variable prüft. Dies zählt nicht zu der Aufgabe dieser Untersuchung. Hier versucht der Autor die Stärken der verwendeten Ansätze aufzugeigen, und damit sie praxisangemessener zu machen.

Statt einer reduzierenden quantitativen Herangehensweise wird eine fallorientierte (qualitative) Näherung angewandt, die die komplexe Kausalität zwischen ‚vielen' Variablen auszuleuchten versucht und verständlich macht. Für eine möglichst vollständige Erfassung dieser Komplexität ist die Verwendung einer Vielfalt relevanter Ansätze erforderlich.

In dieser Untersuchung werden Organisationen von einem breiten Tätigkeitsfeld als illustrative Fälle verwendet (von Umweltschutz- bis Allgemeinwirtschaftsverbänden). Öffentliche Akteure (Stellen des Europäischen Parlaments) werden ebenfalls als Quellen verwendet. Wo es zweckmäßig ist, werden als Beispiele zusätzliche Arten von Organisationen wie Religionsgemeinschaften erwähnt, um die Analyse besser zu illustrieren. Es muss noch betont werden, dass die gesamte Argumentation nicht nur auf den illustrativen Beispielen, sondern auch auf eigener Erfahrung des Autors basiert[5]. Die hier vorgeschlagene Typologie umfasst nicht nur große Organisationen, die z.B. auf EU-Ebene tätig sind, sondern auch kleine lokale Organisationen. Damit wird eine möglichst breite Gültigkeit der Folgerungen erhofft.

---

[5] N. Hasanagas war Funktionär in verschiedenen Organisationen.

Die illustrativen Beispiele stammen aus Beobachtungen und Experteninterviews mit Verbandsfunktionären 1999-2003 in Brüssel (EU- Verbände und Institutionen) und in Deutschland, Finnland, Griechenland und Großbritannien in den folgenden Bereichen: Umwelt-, Arbeits-, und Regionalpolitik, Rurale Entwicklung, und Lobbyismus (s. Anhang). Durch diese Beispiele erhofft der Autor die Einwirkungsmechanismen der Organisationsstrukturen auf die Handlungsfähigkeit auszuleuchten und zu verdeutlichen (BRYMAN 2001, ATTESLANDER 1995). Diese Beispiele beziehen sich auf Verbände, die am meisten in Umweltanliegen tätig sind. Diese Anliegen zeichnen sich durch schwerpunktmäßig große Vielfalt an Tätigkeitssektoren aus (Entwicklungsorganisationen, Industrieföderationen, Land- und Waldbesitzerverbände, Gewerkschaften, Umweltaktivisten, Akademie, Bildungsorganisationen etc) (vgl. ENGLISH et al. 1998). Damit gewinnen die Folgerungen an Repräsentativität für möglichst viele Organisationstypen.
Hier eine wichtige Anmerkung zur ‚Beweiskraft' der Methodologie: Mögliche Kritik, dass die Literatur zur Überprüfung von Hypothesen nicht nutzen kann, findet der Autor nur bedingt zutreffend, weil die Literatur auch logische Argumente anbieten kann. Die Logik hält der Autor für ein nicht minderwertigeres Überprüfungsinstrument als die qualitative Datenerhebung, wobei man nur beobachten kann, was man beobachten will. Die qualitative Forschung – die der Autor hier zum gewissen Maß auch betrieben hat – lässt sich durch eine gewisse Subjektivität bezeichnen, und deshalb dient sie eher zur Illustration von Theorien, Erkennung kausaler Beziehungen oder Fragenentwicklung als zur Überprüfung oder Generalisierung. Daher ist die Literatur und die logische Argumentation in dieser Untersuchung von erheblicher Bedeutung. Jede empirische Basis ist de facto nur ein Ausschnitt der Realität und kann als ‚ungenügend' bezeichnet werden, insbesondere wenn man die Ergebnisse nicht verstehen kann oder nicht annehmen will. Streng formale Beweisverfahren gibt es nur in der Mathematik und in keiner anderen Disziplin (nicht mal in

der Physik und vor allem nicht in den Sozialwissenschaften. Deswegen wird der Autor versuchen, das verlockende Wort ‚Beweis' zu vermeiden). In jeder anderen Disziplin ist das einzige sichere die Falsifizierung einer Hypothese und nicht die Verifizierung, da es immer eine ‚Ausnahme' von der ‚Regel' gibt. Man kann also nur von mehr oder weniger plausiblen Argumenten sprechen, die eine Mischung aus Logik und Realitätsausschnitten je nach Beobachtungsgabe jedes Forschers sind. Der Autor glaubt, dass hier möglichst relevante Beispiele dargestellt werden, und unsere Typologie bzw. unsere Folgerungen eine möglichst breite und andauernde Akzeptanz insbesondere bei den Organisationspraktikern finden werden.

1.3 Eine Typologie von Organisationsstrukturen

Der Idealfall wäre, dass ein Verband alle oben genannten Strukturen zusammen entwickeln könnte: hohe Professionalisierung und Zentralisierung für die Anpassungsfähigkeit, breite Heterogenität, Multidisziplinarität und räumliche Ausbreitung für den Zugang zu möglichst vielen alternativen Ressourcen und möglichst viele gesetzlich verankerte Rechte, die für andere Akteure wertvolle Mittel sein sollten.

Leider können nicht alle diese Strukturen zusammen existieren. Die Schwierigkeit liegt nicht nur in der beschränkten Kapazität eines Verbands (z.B. Angestellte, Experten, viele Filialen und Eigentum gleichzeitig zu erhalten), sondern auch in der Unvereinbarkeit gewisser Strukturen zueinander. Oftmals muss ein Verband z.B. zwischen Heterogenität und Zentralisierung auswählen. Wegen dieser Unvereinbarkeit ist eine Typologie erforderlich, und zum Typologiebau müssen die vereinbaren von den unvereinbaren bzw. den bedingt vereinbaren Strukturen unterschieden werden. In Kapitel 4 wird der Autor auf die Wechselwirkungen zwischen den Strukturen näher eingehen und in Kapitel 3 wird die genaue

Funktion jeder Struktur analysiert. Hier wird eine allgemeine Typologie präsentiert, die als Hinweis auf die möglichen Organisationsgestaltungen dient.

1.3.1 Vereinbare Strukturen

- Zentralisierung, Professionalisierung und gesetzliche Autorität

Die Zentralisierung der Entscheidungskompetenz kann formal oder informal sein. Entweder kann der Führungsapparat verstärkte formale Entscheidungsautorität haben, die von der Satzung vorgesehen ist, oder durch informale interne Gruppen (Cliquen) funktionieren. Diese teilen die Implementation seiner Entscheidungen auf und zugleich alarmieren sie die zentralen Führungspersonen über potentielle Reaktionszentren in der Organisation. In beiden Fällen ist Zentralisierung mit der Professionalisierung und der gesetzlichen Autorität völlig vereinbar.
Die Professionalisierung legitimiert die Zentralisierung in den Augen der Mitglieder durch die Bürokratisierung (feste und unpersönliche Verfahren), die sie etabliert. Die Festangestellten und Experten konzentrieren außerdem Informationen, die an die zentralen Führungspersonen weitergeleitet werden und damit die Entscheidungsprozesse erleichtern. Bei langjähriger Professionalisierung und großen Organisationen können die Angestellten selber einen Teil der Entscheidungskompetenz übernehmen, die wiederum formal oder informal sein kann. Wissenschaftliche Angestellte gewinnen noch leichter das Vertrauen der Mitglieder oder sogar des Führungsapparates und können die Zentralisierung somit weiter legitimieren und verschärfen.
Die gesetzliche Autorität wird unter Bedingungen starker Zentralisierung oder in der Kompetenz von Festangestellten besonders wirksam. Ein Gewerkschaftsvorsitzender, der alle relevanten Informationen mit einer

engen Arbeitsgruppe bearbeitet und danach die definitive Entscheidung über den Tarifvertrag allein und reibungslos trifft, kann mit der gesetzlich verankerten Tarifautonomie sehr schnelle Effekte erbringen (natürlich ist es eine andere Frage, welche Resonanz unter den Mitgliedern diese Effekte finden oder welche langfristige Implikationen haben). Zentralisierung, Professionalisierung und gesetzliche Autorität schaffen zusammen eine merkliche Synergie zur Flexibilität und Drohpotenzial der Organisation.

Anfällig für starke Zentralisierung sind **große** Organisationen mit vielen anonymen Mitgliedern, deren Beitrag verhältnismäßig klein ist und die keinen Überblick über die allgemeine Aktivität ihrer Organisation haben. Deswegen haben diese Mitglieder kein starkes Interesse an Einfluss auf die Entscheidungsprozesse. Auf diese Weise erscheint die Zentralisierung als legitim (auch wenn die Mitglieder oftmals keine formale Autorität zur Entscheidungsmitwirkung haben). Dieser Legitimierung hilft evtl. die Gemeinwohlorientierung der Organisation weiter.

Die Professionalisierung ist auch bei großen Organisationen möglich, die durch den stabilen Geldbeitrag der Mitglieder Personalkräfte bezahlen können. Die gemeinwohlorientierten Verbände haben wieder zusätzlichen Zugriff zu Finanzressourcen (z.B. gemeinwohlorientierten Programmen, die der Staat einrichtet, und möglichen Spenden).

- Heterogenität, Multidisziplinarität, räumliche Ausbreitung und gesetzliche Autorität

Die Heterogenität, Multidisziplinarität und räumliche Ausbreitung sind Dimensionen einer charakteristischen Organisationsstruktur, die in der organisationssoziologischen Literatur *Komplexität* heißt. Unter Komplexität wird die Zahl der ausdifferenzierten Aufgaben verstanden, die eine Organisation auf relativ stabiler Basis plant und durchführt. Die Arbeitsteilung ist schon eine grundsätzliche Voraussetzung für Verstärkung der Macht einer Organisation in ihrer Umwelt, weil auf

Macht einer Organisation in ihrer Umwelt, weil auf diese Weise die Organisation mehr Risiken und Chancen ausloten und nutzen kann. Die Multidisziplinarität entspricht oftmals den verschiedenen Aufgabendomänen (Heterogenität) einer Organisation und hilft diesen heterogenen Domänen bei ihrer Funktion und Entwicklung. Die räumliche Ausbreitung ist oftmals mit Heterogenität verbunden (z.B. Koalitionen, die aus vielen lokalen Verbänden bestehen, die lokalverbundene Interessen vertreten). Die gesetzliche Autorität spielt wieder eine positive oder wenigstens neutrale Rolle. Eigentumsrechte, Tarifautonomie oder Anhörungsrecht können z.B. bei einer heterogenen oder räumlich weit ausgebreiteten Organisation ihre Auswirkungen auf verschiedene Sektoren oder Orte ausbreiten lassen (z.B. eine Großgewerkschaft mit Tarifautonomie, die mehrere Arbeitssektoren an verschiedenen Orten vertritt oder ein Wohnungseigentümerverband). Anfällig für eine und auch fähig zu einer hohen Komplexität sind wieder **große** Organisationen.

Wie gezeigt, sind die **flexibilität**srelevanten Strukturen mit einander vereinbar, und die **ressourcen**relevanten Strukturen sind auch miteinander vereinbar (mögliche gesetzliche Autoritäten des Verbands, die die Rolle wertvoller Mittel für dritte Akteure spielen wie Eigentumsrechte oder Tarifautonomie, können immer kompatibel sein). Eine große Organisation erfüllt dic Bedingungen, um die erste oder die zweite Strukturenkombination zu entwickeln. Des weiteren wird der Autor aber argumentieren, dass beide Kombinationen nur bedingt miteinander vereinbar sind.

1.3.2 Bedingt vereinbare Strukturen

- Zwischen Flexibilität und Ressourcenerschließung

Eine Organisation, die heterogene und oftmals widersprüchliche Interessendomänen vertritt (z.B. ein gemischter Verband von Eigentümern, der

Grundstück-, Wohn- und Landbesitzern einschließt und oftmals mit inkompatiblen Prioritäten konfrontiert wird), kann nicht besonders flexibel sein. Ein homogener Verband (z.B. einer, der nur Grundstückbesitzer vertritt) hat weniger Dilemmata in bezug auf seine Prioritäten und ist ebenso entscheidungsfähiger – aber andererseits hat er Zugriff auf weniger Ressourcen; er kann nämlich einen engeren Kreis von Interessenten mobilisieren (nur Grundstückbesitzer) und nur in einem Politiksektor (z.B. Raumordnung) Ansprüche erheben und Druckpotenzial entwickeln.
Hat also ein Verband unbedingt zwischen nur Flexibilität oder nur Ressourcenzugriff auszuwählen? Die Antwort lautet: ‚Nein'. Es gibt Verbände, die sowohl schnelle Entscheidungen treffen, die zuversichtlich und zuverlässig implementiert werden (ohne interne Reibungen), als auch sehr heterogen oder ausgebreitet sind und damit zu einer großen Bandbreite von Sektoren und Orten Zugriff haben, viel Humankapital mobilisieren und Ansprüche erheben. Klare Beispiele solcher Verbände sind gemeinwohlorientierte Großorganisationen (Umweltverbände wie Greenpeace, WWF etc. oder Entwicklungsorganisationen).
Der Unterschied zwischen den beiden Organisationskategorien liegt darin, dass die ersteren wirtschaftsorientierte Verbände sind, die immer durch einen **Bottom-up**-Prozess entstehen, während die zweiten sich durch einen **Top-down**-Prozess entwickeln lassen. Die wirtschaftsorientierten Verbände bestehen aus Kapitalbesitzern, z.B. Einzelunternehmern, Landbesitzern oder Großbetrieben (wie Industrieföderationen) oder Arbeitnehmern (Gewerkschaften). Manche von ihnen setzen den Bottom-up-Prozess fort und bilden z.B. Zusammenschlüsse von Verbänden mit internationaler Reichweite (wie der europäische Agrarverband COPA). Entweder sind die wirtschaftsorientierten Verbände als Gruppen von Einzelmitgliedern oder als Zusammenschlüsse regionaler oder nationaler Verbände Koalitionen von Mitgliedern, die schon feste Vorhaben (Interessen) und Gebräuche (Handlungsabläufe) **vor** der Koalitionsbildung hatten. Diese Vorhaben und Gebräuche sind nicht immer völlig vereinbar

und deswegen sollen sich die Mitglieder um ihre Kompromissfähigkeit zusätzlich bemühen und mit Schwierigkeiten dabei rechnen. Zusätzlich sind diese Mitglieder nicht besonders bereitwillig eine Zentralisierung der Entscheidungskompetenz anzunehmen, da sie in die Koalition konkrete Investitionen (Transaktionskosten in Form von Zeit, Sozialimage und Geld) getätigt haben und die Befriedigung spezifischer Interessen dafür erwarten. Diese Investitionen sind viel fühlbarer in **kleinen** wirtschaftsorientierten Verbänden. Diese sind sowohl homogen als auch zentralisierungs**un**fähig. Zu erwarten wäre, dass sie ihre Zentralisierungsunfähigkeit durch ihre Homogenität ausgleichen, aber trotzdem ist es normalerweise nicht genug um ihre Handlungsfähigkeit zu retten (man sagt: kleine Verbände sind nur um sich an Empfängen zu beteiligen, aber nicht zu beeinflussen, Experteninterviews 10,12). Unablässige Voraussetzung für ein Mindestmass an Handlungsfähigkeit ist bei kleinen Verbänden eine gewisse Zentralisierung. Diese kann dabei vom Führungsapparat im geringen Maß durch gewisse interne Strategien (lange Amtszeit, seltene Sitzungen der Generalversammlung etc) ‚erkämpft' werden.

Die **top-down**-entwickelten Verbände sind normalerweise gemeinwohlorientiert[6]. Ihr ursprünglicher Kern ist eine zentrale Person oder Gruppe energischer Personen. Diese nehmen die ersten Initiativen für die weitere

---

[6] Es gibt natürlich auch Koalitionen von bereits existierenden gemeinwohlorientierten Organisationen, die einen getrennten Forschungspunkt darstellen könnten. Aber man muss schon ernst überlegen, ob diese Koalitionen, die auf dem ersten Blick als bottom-up-entwickelte Organisationen erscheinen, eher eine Vernetzungs- als Koordinationsfunktion erfüllen und damit starke Reibungen vermeiden (wie z.B. eine Umweltverbandskoalition in Brüssel). Darüber hinaus verbleibt eine Koalition stark zentralisierter top-down-entwickelter Verbände immer noch eine stark zentralisierter Dachverband mit eminenter Entscheidungsfähigkeit. Deswegen hat dieser praktisch insofern keinen Unterschied zu seinen top-down-entwickelten Mitgliedsverbänden, auch wenn er historisch gesehen bottom-up entwickelt wurde.

Entwicklung ihrer Idee (*Der WWF hat z.B. als eine englisch-deutsche Organisation für Naturschutz angefangen und hat heute unzählige nationale und lokale Stellen weltweit und befasst sich z.T. sogar mit Energie- und Entwicklungspolitik*). Das Vorhaben ist zentral entschieden und die Entwicklungsstrategie (räumliche Ausbreitung oder Ausdifferenzierung des ursprünglichen Vorhabens in mehreren heterogenen Aufgabendomänen) ist auch zentral eingeschlagen worden. Bei großen Verbänden sind die zahlreichen lokalen Vertretungsstellen mehr oder weniger zentral koordiniert und übernehmen – oftmals mit Hilfe von viel mobilisiertem Humankapital (Mitglieder oder Freiwilligen) – die Implementation der zentralen Strategie. Zahlreiche Freiwillige und Mitglieder vertrauen diesen Organisationen wegen ihrer Gemeinwohlorientierung, bieten diesen ihre Dienstleistungen und reagieren meistens so loyal gegenüber den Koordinationsanweisungen der lokalen Vertretungsstellen wie bezahlte Angestellte eines Unternehmens, obwohl sie gar nicht bezahlt werden (im Gegenteil – sie zahlen zusätzlich einen Mitgliedsbeitrag). Große gemeinwohlorientierte Organisationen werden von Politikern unterstützt, damit letztere an Popularität gewinnen oder nützliche Informationen für ihre politische Argumentation erwerben. Sie bekommen auch Spenden von Großunternehmen, damit letztere für sich werben und evtl. dieses Geld von ihren Steuern absetzen. Mit anderen Worten genießen diese gemeinwohlorientierten Großorganisationen alle Vorteile eines Großunternehmens ohne die entsprechenden Risiken (Marktrisiko). Deshalb wurden sie von JORDAN/ MALONEY (1997) sehr zutreffend „*Protest Business*“ genannt.

Die kleinen top-down-entwickelten Verbände (z.B. lokale Kulturverbände) verlieren an Ressourcenzugriffpotenzial und zugleich an Flexibilität. Sie können auch ähnliche Zentralisierungstaktiken mit den kleinen bottom-up-entwickelten Verbänden implementieren. Auf jeden Fall bleiben sie immer noch in einer besseren Lage von Handlungsfähigkeit als letztere.

1.3.3 Vier Typen von Verbänden

Nach den obigen Ausführungen wird die Bedeutung von zwei Hauptvariablen für die Handlungsfähigkeit eines Verbands deutlich: **Größe** und **Entstehungsprozess** des Verbands. Der Entstehungsprozess (top-down und bottom-up) ist auch sehr eng verbunden mit der Orientierung des Verbands (Gemeinwohl oder Wirtschaft).

Dadurch lassen sich die Verbände auf Basis ihrer machtrelevanten Strukturen nach vier Typen unterscheiden und nach ihrer Handlungsfähigkeitslage folgendermaßen einstufen (Schaubild 1):

1. *Große top-down- entwickelte Verbände.* Sie können sowohl flexibilitäts- als auch ressourcenrelevante Strukturen erhalten. Sie haben somit die stärksten Perspektiven für langfristigen Erfolg in der Politikarena.
2. *Große bottom-up- entwickelte Verbände.* Diese können eher ressourcen- als flexibilitätsrelevante Strukturen entwickeln. Die Entwicklung flexibilitätsrelevanter Strukturen sind bei diesen Organisationen nicht ausgeschlossen, aber erfordern zusätzliche Bemühung und Sonderstrategien.
3. *Kleine top-down- entwickelte Verbände.* Diese verlieren an Flexibilität und Ressourcenzugriffpotenzial. Ihre Vorstände können jedoch gewisse Zentralisierungstaktiken implementieren, um die Flexibilität zu verbessern.
4. *Kleine bottom-up- entwickelte Verbände.* Diese weisen den größten Verlust an Flexibilität und Ressourcenzugriff auf. Ihre Vorstände können auch Zentralisierungstaktiken befolgen, aber viel schwieriger als die kleinen top-down- entwickelten Verbände. Die kleinen bottom-up- entwickelten Verbände sind den Risiken ihrer dynamischen Umwelt direkter als alle anderen Typen ausgesetzt und haben damit die engsten Handlungsspielräume für Überlebensmanöver. Sie können normalerweise nur passiv hoffen, dass sie sich ei-

ner negativen Selektion ihrer soziokulturellen, institutionellen oder finanziellen Umwelt nicht unterwerfen (Population- Ecology- Model, HANNAN/ FREEMAN 1977, 1989, HANNAN/ CAROLL 1992). Wenn z.B. eine Gewerkschaft nur Tischlereiarbeiter eines lokalen Möbelbetriebs vertritt, dann kann sie kaum überleben, wenn dieser Betrieb Insolvenz anmelden muss.

Mögliche *gesetzliche Autoritäten* wie die Tarifautonomie sind mit jedem Typ kompatibel und somit können sie die Handlungsfähigkeit jedes Verbands verbessern. Trotzdem bleiben die Größe und der Entstehungsprozess die wichtigste Basis für die langfristige Handlungsfähigkeit eines Verbands und haben eine ewige Konsequenz auf seine Strategien, Organisationskultur und Identität.

Entstehungsprozess / Größe	*Top-down*	*Bottom-up*
Groß	Sowohl flexibilitäts- als auch ressourcenrelevante Strukturen fördernd. *Beispiel*: Nationale Umweltorganisationen, die gleichzeitig hochzentralisiert und heterogen sind. *Lage 1*: Ganz stark	Eher ressourcenrelevante Strukturen fördernd. *Beispiel*: Große Kapitalbesitzerverbände oder Nationale Gewerkschaften *Lage 2*: Weniger stark
Klein	Einigermaßen flexibilitätsrelevante Strukturen fördernd. *Beispiel*: Lokale Kulturorganisationen *Lage 3*: Relativ schwach	Weder flexibilitäts- noch ressourcenrelevante Strukturen besonders fördernd. *Beispiel*: Lokale Gewerkschaften oder lokale Kapitalbesitzerverbände *Lage 4*: Ziemlich schwach

Schaubild 1. Kompatibilität innerer machtrelevanter Strukturen nach Entstehungsprozess und Größe einer Organisation ***(Flexibilitätsrelevante Strukturen: Zentralisierung, Professionalisierung. Ressourcenrelevante Strukturen: Heterogenität, Multidisziplinarität, räumliche Ausbreitung)***

2. Konzeption und Dimensionierung der Handlungsfähigkeit

LANGE (1983:13f) definiert die Handlungsfähigkeit als die Chance einer Organisation, Entscheidungen über öffentliche Angelegenheiten zu beeinflussen und somit ihre eigenen Interessen (Überleben und Einfluss) zu bedienen. In der vorliegenden Studie wird jedoch die Handlungsfähigkeit noch spezifischer definiert: Unter diesem Begriff wird ein lang- oder kurzfristiger Einfluss durch Gespräche am Verhandlungstisch oder durch öffentliche Kommunikation (z.B. Freiwilligenmobilisierung) und nicht der Einsatz von Gewalt (z.B. Streik bei Abeitergewerkschaften, Sabotage von radikalen Umweltorganisationen etc) verstanden. Wenn eine Verhandlung in Gewalt umschlägt, dann ist sie erfolglos, und ein gewalttätiger Verband hat nach dieser Definition keine hinreichende Handlungsfähigkeit.

Die gewaltlose Form von Handlungsfähigkeit ist nicht einfach, sie gewinnt aber an Legitimität für alle relevanten Parteien, da sie einerseits Konflikte frei zum Ausdruck kommen lässt, und andererseits eine möglichst kooperative Regelung auf einer institutionellen Basis ermöglicht (CLEGG 1989:29).

2.1 Drohpotenzial als Dimension der Handlungsfähigkeit

Eine Dimension der Handlungsfähigkeit ist das *Drohpotenzial.* Dieses findet seinen ultimativen Ausdruck in Gewalt (Polizeieinsatz, Demonstration), Ausschluss von einem Prozess (z.B. kein Beteiligungsrecht an einer Verhandlung) (SKVORETZ/ WILLER 1993) oder Entzug wertvoller Mittel (Produktionsabbruch durch Streik) (EMERSON 1962). Ein Argument, das sozialen Ausschluss (‚wenn Sie die Leitlinien nicht befolgen, werden Sie aus der Koalition ausgeschlossen werden') oder Ressourcenentzug (‚wenn Sie unsere Leitlinien nicht befolgen, werden wir die Finanzierung abbrechen') andeutet, ist eine Drohung.

Die formalen Institutionen basieren auf dem Drohpotenzial des Staatsgesetzes (z.B. eine Generalversammlung, die ungestört tagt, wird von der Polizei geschützt). Eine informale aber unersetzliche Hilfe einer Organisation gegenüber einem Partner (z.B. Kontakte, damit er aus einem Entscheidungsprozess nicht ausgeschlossen wird) ist dennoch auch ein kritisches Drohpotenzial (vgl. SANDNER 1990).

Eine von einer Umweltorganisation angedrohte Demonstration, ein von einer Gewerkschaft angedrohter Streik oder ein angedrohter Polizeieinsatz gegen die Demonstration ist oftmals die Basis einer Argumentation an einem Verhandlungstisch, obwohl die Worte ‚Polizei', ‚Demonstration' oder ‚Streik' nur als letzte oder gar nicht geäußert werden. Normalerweise können alle Parteien der Verhandlung diese Drohung verstehen und vorwegnehmen. Gewinner bei dieser Verhandlung ist, wer sein Drohpotenzial am plausibelsten und stärksten darstellt, ohne dieses einsetzen zu müssen.

Entweder ist das Drohpotenzial in formaler oder in informaler Form eine *instrumentelle Macht*, mit der die mächtige Organisation das Verhalten anderer Akteure kontrollieren kann (POPITZ 1992, IMBUSCH 1998). Die Androhung funktioniert als ‚Strafe' einer unerwünschten Aktion, während die Nicht-Androhung oder die Versprechung einer potentiellen Unterstützung als eine ‚Belohnung' erscheint. Diese Form von Macht entspricht der WEBERsche *Autorität* (1947).

Eine Gewerkschaft, die einen Tarifvertrag abgeschlossen hat, ist der einzige Akteur, der eine rechtsgültige und zugleich möglichst weit akzeptierte Entscheidung treffen kann. Wegen dieser gesetzlich verankerten Autorität ist sie sowohl für den Betrieb als auch für die Arbeiter unersetzlich und kann somit ein erhebliches Drohpotenzial ausüben.

Eine Umweltorganisation, die in den staatlichen Entscheidungsprozess eingebunden worden ist, und über die Schutzmassnahmen ohne die Mitwirkung von Landbesitzern entscheidet, kann die freie wirkung von Landbesitzern entscheidet, kann die freie Bewirtschaftung von Naturressourcen beeinträchtigen. Die Landbesitzerverbände sind dann von dieser Umweltorganisation abhängig.

2.2 Ressourcenverfügbarkeit als spezifische Form vom Drohpotenzial

Daran schließt sich noch eine Dimension an: Die *Ressourcenverfügbarkeit* (CLARK/ WILSON 1961: 45). Diese bedeutet üblicherweise die alternativen Finanzierungsquellen, über die eine Organisation verfügt (Staatsministerien, Mitgliederbeitrag, Stadt, Spender, internationale Organisationen wie EU etc). Je mehr Finanzierungsquellen, desto stabiler und überlebensfähiger die Organisation. Wenn diese mehr als nur genug zum Überleben sind, dann kann die Organisation die Aktionen von anderen Akteuren finanziell unterstützen (und ggf. den Abbruch dieser Unterstützung androhen). Die Ressourcenverfügbarkeit ist also eine sehr spezifische Art von Drohpotenzial, die, nach dem Erwerb, ziemlich einfach und direkt zu verwenden ist (Belohnung oder Entzugsdrohung: pretiale Macht nach ETZIONI 1967:96). Die Ressourcenverfügbarkeit ist besonders kritisch für Verbände, die in ein Anliegen neu verwickelt sind (vgl. LUHMANN 1987:300, EMERSON 1962).
Ressourcen können jedoch nicht nur Bargeld, sondern auch andere externe Kräfte sein, die ein Verband in seiner Umwelt erschließt: Anlaufstellen, neue Mitglieder, Freiwillige, Informationen etc[7].

---

[7] Viele Ressourcen lassen sich auch in Geld umrechnen (z.B. Arbeitsstunden, die die Freiwilligen frei anbieten, juristische Kosten, die sich ein Verband dank seiner Anlaufstellen in einer Behörde erspart etc.)

2.3 Überredungsmacht als Dimension der Handlungsfähigkeit

Der Treuhänder führt den Treugeber (BUSKENS 1999:174). Bei den Organisationen findet oftmals die Überredungsmacht ihren Ausdruck in der Implementation von Symbolpolitik (‚Nachhaltigkeit', ‚Entwicklung', ‚Partizipation'), die bestimmte Aktionen zu rechtfertigen versucht (GIDDENS 1997:339, BOSETZKY/ HEINRICH 1989:175, EISENSTADT 1995). Das Vertrauen trägt zu der raschen Bildung von Kooperationsbeziehungen bei und ist nötig für die Funktion informaler Netze (ARROW 1974:26, VOGT 1997). Deswegen ist Vertrauen eine sehr wichtige Machtdimension in den interorganisatorischen Beziehungen.

Die Anhänger vieler Umweltorganisationen folgen den Plänen letzterer auch ohne ganz genau darüber informiert zu sein (z.B. was genau die konkrete Organisation unter ‚Nachhaltigkeit' versteht oder was sie genau ‚Umwelt' hält, die ‚geschützt' werden soll). Diese Anhänger können Privatpersonen oder andere kleinere Organisationen sein.

Ein anderes Beispiel von Überredung ist, wenn z.B. eine Umweltorganisation viele Leute zum Marktboykott motiviert, ohne diese vorher darüber anzuhören, welche negative Wirkungen auf den Arbeitsmarkt und evtl. auf ihre eigenen Arbeitsplätze dieser Boykott oder ein Kahlschlagverbot haben kann.

Wenn sich Land- oder Industriearbeiter an einem Streik beteiligen, ohne die genauen Gründe zu kennen, dann hat die Gewerkschaft eine ziemlich starke Überredung auf sie ausgeübt. Und wenn eine Industrieföderation eine ‚Vermehrung von Arbeitsplätzen' als Gegenleistung für die Bewilligung einer bestimmten Lohnpolitik verspricht, ohne genaue Anzahl und Zeiträume dieser ‚Vermehrung' zu bestimmen, und von dem Staat oder bestimmten Gruppen befriedigt wird, dann ist sie sehr überredungsfähig (Experteninterviews 5,6,10,12).

Die Überredungsmacht entspricht dem, was POPITZ (1992) als autoritative Macht definiert hat, und kann zur Akkumulation instrumenteller Macht führen:

Im Jahr 1999 haben z.B. die Umweltorganisationen in Brüssel das Vertrauen der EU-Kommissionsbeamten in der Generaldirektion Umwelt gewonnen. Im Rahmen der Richtlinie „Natura 2000" hatten alle Akteure das Recht, Schutzgebiete in ganz Europa vorzuschlagen. Jedoch haben die EU-Beamten nur die ‚Schattenlisten' der Umweltorganisationen akzeptiert, und die Landbesitzer wurden außer Acht gelassen, da die Beamten nicht glaubten, dass die Landbesitzer das geeignete ‚Fachwissen' hatten oder dass ihre Vorschläge eine breite Akzeptanz unter der EU-Bevölkerung gefunden hätten. So war auch die Situation in Deutschland. Auf diese Weise haben die Umweltgruppen Drohpotenzial gegenüber den Landbesitzern erworben („entweder werden Sie kompromissfähiger, oder wir schlagen ungünstige Schutzmassnahmen für die Landwirtschaft vor") (Experteninterviews 2,3,4,7). Das ist ein klares Beispiel, wie sich bei einer Verhandlung die Überredungsmacht in Drohpotenzial wandelt.

Oftmals kann die Überredungsmacht einer Organisation auf dem *Charisma* (Eloquenz, Intelligenz, imponierendes Auftreten, Geselligkeit, Qualifikationen) ihres Lobbyisten oder Vorsitzenden basieren (WEBER 1947). Überredungsfähig ist nämlich eine Organisation, der die anderen Akteure folgen, ohne viele detaillierte Argumente für seine Positionen zu brauchen. Und diese Überredungsmacht basiert auf Vertrauen und nicht auf Wissen. Wenn die anderen Akteure die gleiche Information haben oder Argumente verlangen, dann wird keine Überredungsmacht praktiziert, sondern Überzeugung (ETZIONI 1975:378).

Noch ein klares Beispiel von Überredung ist der Machtprozess der Religionsorganisationen, wenn sie die Lehrmeinung ihrer Ideologiegründer interpretieren und über die Authentizität ihrer eigenen Interpretation ihre Anhänger zu überreden versuchen (z.B „Der Gott verbietet die Euthanasie, und wer diese Interpretation der heiligen Schrift nicht akzeptiert, ist

Häretiker") oder auf Basis ihrer Interpretation weitere Mitglieder anwerben.

Diese Überredungsform erhält den Charakter der sogenannten *traditionellen Macht* (WEBER 1947) und kommt üblicherweise bei Religionsorganisationen vor bzw. in Organisationen, die über sehr lange Zeit einen ‚guten' Namen etabliert haben oder einen Anführer haben, der als Authentizität angesehen wird (wenn z.B. der Gründer einer Ideologie noch lebt). *In anderen Bereichen wie der Umweltpolitik erscheint diese Machtform bei Organisationen, die sehr verbreitet sind und an Legitimität schon gewonnen haben (große Umweltorganisationen). Bei wirtschaftsorientierten Verbänden spielt die Reputation und die Karriere des Vorsitzenden eine wichtige Rolle bei der Entwicklung traditioneller Macht (Experteninterviews 3,4,9,14)*

3. Machtrelevante innere Strukturen

Im Folgenden werden die inneren Strukturen diskutiert, die eine Organisation als Machtbasis nutzen kann. Die Arten und Formen, in denen sie erscheinen, und die Mechanismen, durch die sie die Handlungsfähigkeit beeinflussen, werden diskutiert und mit Beispielen illustriert. Als erste wird die allgemeine *Zentralisierung* von Kompetenzen diskutiert. Danach wird die *Professionalisierung* (Personalkräfte) analysiert, die sich z.T. auf die Zentralisierung bezieht.

Als dritte wird die *Heterogenität* der Aufgabendomänen als eine spezielle Art und Form horizontaler Ausdifferenzierung diskutiert and anschließend wird noch die *Multidisziplinarität* als Form von Arbeitsteilung im Fachwissen analysiert (organisiertes Fachwissen). Danach wird die *räumliche Ausbreitung* einer Organisation analysiert.[8] Als sechstes Potenzial wird die *gesetzliche Autorität*, die eine Organisation unter bestimmten Bedingungen besitzen kann, diskutiert.

---

[8] Horizontale Ausdifferenzierung (Heterogenität, Multidisziplinarität) und räumliche Ausbreitung sind Dimensionen der Organisationskomplexität (HALL 1996) – eine der drei allgemeinen Organisationsstrukturen. Die anderen zwei sind die Zentralisierung, die ausführlich diskutiert, und die Formalisierung, die hier nur oberflächlich aufgegriffen werden muss.

3.1 Zentralisierung der Entscheidungskompetenz

3.1.1 Funktion der Zentralisierung

In der praktischen Organisationsführung kann man das Argument hören:

„*supporters should be seen but not heard*" (JORDAN/ MALONEY 1997:188).

Damit diese mündliche Regel verständlich wird, muss die allgemeine Definition der Organisation noch einmal betrachtet werden (BUESCHGES/ ABRAHAM 1997): Organisation ist eine Zusammenlegung von Ressourcen, die zu einem bestimmten Zweck und durch eine gewisse Hierarchie benutzt werden. Ein großer Teil dieser Ressourcen wird von den Mitgliedern in die Organisation eingebracht und kann aus Dienstleistungen, Informationen oder materiellen Ressourcen (Geld) bestehen. Damit diese Ressourcen effektiv verwertet werden, ist eine **Koordination** und möglichst einheitliche Ausrichtung aller inneren Kräfte auf das gleiche Ziel und zwar auf dieselbe Art und Weise erforderlich. Mit anderen Worten ist eine Minimierung der divergierenden Interessen unter den Mitgliedern oder evtl. Freiwilligen erforderlich. Durch die Zentralisierung können viele Koordinations- und Kooperationsprobleme zwischen Teilen der Organisation (Individuen oder Abteilungen) vermieden werden (WILLIAMSON et al. 1975).
Es muss noch geklärt werden, dass dieses die Zentralisierung der **Entscheidungskompetenz und Planung** betrifft und nicht die Durchführungsaufgaben. Letztere sind insbesondere bei großen Organisationen mit vielen lokalen Vertretungsstellen, Angestellten oder Freiwilligen stark dezentralisiert (HAGE/ AIKEN 1967).
Die Zentralisierung ist nötig für das Überleben der Organisation in einer dynamischen Umwelt; *Alte Möglichkeiten werden ausgeschöpft und neue*

müssen erschlossen werden (z.B. neue Anlaufstellen bei einem Ministerium, wenn die alten Beamten pensioniert werden) und dazu sind zusätzliche Kosten für Öffentlichkeitsarbeit oder dringende Lösung von alten Konflikten erforderlich. Mitglieder von neuen Gruppen (z.B. jüngere oder noch minderjährige Personen) sind vielleicht für die Erhaltung und Verstärkung einer Bildungs- oder Umweltorganisation nötig, und dazu sollen die Mitgliedschaftsbedingungen schnell auf neue Milieus (z.B. Altersgruppen) ausgedehnt werden.

Eine Gewerkschaft von Bauarbeitern stellt fest, dass sie zu klein ist und noch die plötzlich vermehrten Tischler ihrer Region einschließen kann und muss. Dazu ist eine flexible Handlung für die Modifizierung der Zielen oder der Satzung nötig.

Die Zentralisierung sichert die nötige Flexibilität für die schnelle ‚Modernisierung' einer Organisation ab; die Einführung z.B. neuer EDV-Technologie oder das ‚Image-Making' durch Öffentlichkeitsarbeit benötigen Arbeit, Geld und Anpassung, für die nicht alle Mitglieder immer bereit sind.

Die Zentralisierung kann verschiedene Formen annehmen. Die üblichsten Formen, die hier diskutiert werden, sind die *Länge der Amtszeit*, die *Größe des Vorstands*, die *Häufigkeit der Sitzungen* der Generalversammlung *(Experteninterviews 1,4,5,9,12)* und die *Beteiligung* und Mitwirkungsmöglichkeit durch die Generalversammlung (JORDAN/ MALONEY 1997). Eine andere Art und Form informaler Zentralisierung ist die Koordination über inoffizielle Cliquen, die sich um die Implementation kümmern und dem Führungsapparat Informationen über die aktuelle Situation oder mögliche Gefahren und Instabilitätsfaktoren liefern. Eine weitere informale Zentralisierung von Kompetenzen ist, wenn z.B. eine alte ‚erfahrene' Person den neuen ‚unerfahrenen' Vorstand inoffiziell führt. Auch wenn eine solche Zentralisierung erwünschte Ergebnisse bringt, verschwinden diese sofort beim Weggang der ‚erfahrenen' Person und dann entsteht ein scharfes Kontinuitätsproblem.

Die verschiedenen Formen von Entscheidungszentralisierung sind bei allen Organisationen theoretisch möglich (klein oder groß, markt- oder gemeinwohlorientiert, technisiert oder nicht). Es gibt jedoch einen Hauptfaktor bei allen Organisationen, der die Zentralisierungsmöglichkeiten bedingt. Dieser scheint die Größe zu sein (Mitglieder und anderes Humankapital wie Freiwillige). Die großen Organisationen zeigen eine stärkere Tendenz zur Zentralisierung von Ressourcenmanagement (MANSFIELD 1973), da für sie dieses sowohl nötig als auch leichter ist (BOSETZKY/ HEINRICH 1989: 162).

3.1.1.1 Zentralisierung bei kleinen Organisationen

Bei kleinen Organisationen wie lokalen Kulturverbänden, die nur mehrere Dutzend oder hundert Mitglieder beinhalten, kann die Zentralisierung durch *lange Amtszeiten* des Vorstands oder einen *kleinen Vorstand* erfolgen. Über lange Amtszeiten (z.B. 3 Jahre) kann ein Vorstand eine längerfristige Strategie einschlagen und diese ungestört implementieren. Dies begünstigt die Kontinuität und die Zuverlässigkeit der Organisationsaktivität gegenüber dritten Akteuren. Der Vorstand kann auch seine eigene administrative Art und Weise etablieren. Gleichzeitig kann er längerfristige Versprechen an andere Organisationen oder öffentliche Institutionen einlösen, mehr Projekte übernehmen und mehr Beziehungen zu anderen Partnern aufnehmen. Mit anderen Worten: er zentralisiert die Entscheidungsfähigkeit und die Handlungsspielräume von mehreren jährlichen Vorständen. Auf diese Weise kann der Vorstand oder manchmal ein energischer Vorsitzender allein den ‚Agenten' der Organisation spielen, der ziemlich flexibel in Vertretung der Mitglieder handelt (Agententheorie von COLEMAN 1986a und 1991). Wenn die ‚progressiven' Versprechen richtig implementiert werden, dann gewinnt die Organisation an Berechenbarkeit und damit an Vertrauen und Überredungsmacht bei künftigen Partnerschaften (z.B. Projekten). Bei gen Partnerschaften (z.B. Projekten). Bei langen Amtszeiten hat der Vorsitzende oder eine andere energische Person des Vorstandes die Chance, ihr potentielles *Charisma* gegenüber externen Partnern (Organisationen, Personen oder öffentliche Institutionen) zu präsentieren. Dies verstärkt das Image und die Überredungsmacht der Organisation weiter und nach langer Zeit kann sich das zur *Traditionsmacht* entwickeln. Die gute Zusammenarbeit mit diesem ‚charismatischen Vorstand' wird stark in einem Kooperationsnetz etabliert (z.B. Dorf, Stadt oder Gruppe von Akteuren, die sich mit einem spezifischen Anliegen beschäftigen). Die kritische Frage ist in diesem Fall, wie lange diese Traditionsmacht nach dem Weggang der charismatischen Person dauern wird, wenn andere Mitglieder nicht an den Entscheidungs- und Verhandlungsprozessen teilgenommen haben. Dieses Kontinuitätsproblem verschärft sich bei inoffizieller Zentralisierung, in der Cliquen oder ‚erfahrene' Personen intransparent involviert worden sind und somit unsichtbare Prozesse und Strukturen (z.B. Kontakte und Partnerschaften) etabliert haben, die von den Nachfolgern kaum aufzuspüren und zu übernehmen sind.

Ein kleiner Vorstand (z.B. 3 Personen: Vorsitzende, Sekretär, Kassenwart) kann relativ schnell einig werden. Noch eine Zentralisierungstaktik, die bei kleinen aber auch großen Organisationen möglich ist, ist die geringe Häufigkeit der Sitzungen der Generalversammlung. Auf diese Weise führt der Vorstand seine Entscheidungen[9] über die Ressourcen der Organisation unverhindert und ohne Evaluation (Kontrolle) durch. Wenn die Generalversammlung möglichst *selten tagt* (z.B. 1 mal in 2 Jahren), dann braucht der Vorstand die Mitglieder nicht so oft zu informieren und wird von letzteren entsprechend wenig kontrolliert. Vielmehr ‚entkommt' der Vorstand und evtl. noch andere Funktionäre (Angestellte oder Sachmitarbeiter) den überraschenden Fragen, die von Mitgliedern bei einer

---

[9] Diese Entscheidungen können viele und kleine sein, die i.d.R. ‚geräuschlos' durchgehen (im Gegensatz zu wenigen aber großen Änderungen).

Generalversammlung gestellt werden. Die Generalversammlung ist die wichtigste Informationsquelle für die Mitglieder. Die *asymmetrische Information*, die bei Zentralisierung im Interesse des Vorstands erfolgt, ist eine Basis für die Oligarchisierung und interne Kontrolle einer Organisation und beschert den Funktionären große Flexibilität (COLEMANN 1986b).

Für die Zentralisierung scheinen zwei von diesen Strategien besonders effektiv zu sein: die lange Amtszeit des Vorstandes, und die geringe Anzahl an Tagungen der Generalversammlung.

Die Amtszeit ist normalerweise von der Satzung festgelegt. Wirtschaftsorientierte Verbände (z.B. Bauer-, Grundbesitzer oder Betriebsföderationen) weisen eine stärkere Tendenz zu längeren Amtszeiten auf (länger als ein Jahr) als kleine gemeinwohlorientierte Verbände (z.B. Kultur- oder Umweltverbände). Dies lässt sich evtl. auf die Interessen der Gründer zurückführen, die für sich selber eine starke Zentralisierung absichern wollen. Eine andere Strategie, die für den Vorstand flexibler ist, ist die Generalversammlung möglichst selten einzuberufen. Auf diese Weise kann ein Vorstand die unangenehmen Ereignisse vergehen lassen und damit Auslöser der Missfallens und Kontrollanlässe bei den Mitgliedern minimieren (Experteninterviews 1,4,5,9,12).

Was die Zentralisierung der Agendagestaltung betrifft, ist sie theoretisch die erste Machtstrategie, zu der zu raten ist. Sie ist jedoch schwach bei kleinen Organisationen, da diese wenig formalisiert sind, und oftmals lässt sich die Agenda bei einer Generalversammlung von vielen Mitgliedern spontan erweitern und zwar unter dem offenen Thema „Verschiedenes", das am Ende der Tagesordnung normalerweise immer steht. Der Vorstand kann als Agendasetter nur bei sehr großen und stark formalisierten Organisation innere Macht entwickeln.

3.1.1.2 Zentralisierung bei großen Organisationen

Die oben dargelegten Zentralisierungspraktiken sind sowohl bei kleinen als auch bei großen Organisationen mit mehreren Tausend Mitgliedern (wie großen Umweltorganisationen) machbar. Große Verbände haben doch zusätzliche Möglichkeiten, Macht zu zentralisieren, die sie danach nach außen richten können.

Zuerst ist de facto die *Beteiligung* mehrerer Tausend Mitglieder an der Generalversammlung unmöglich. Deshalb ist in der Satzung oftmals die Teilnahme nur in beschränkter Anzahl (z.B. 100-300) vorgesehen, die gewählt werden. Im allgemeinen ist die beobachtete Beteiligung der Mitglieder an der Generalversammlung ihrer Organisationen im europäischen Raum durchschnittlich sehr beschränkt (etwa 10%)[10]. *Der extremste Fall wurde bei einer finnischen gemeinwohlorientierten Organisation beobachtet*[11]*: von den 5800 Mitgliedern, die organisiert sind und alle an der Generalversammlung Beteiligungsrecht innehaben, erscheinen bei der Generalversammlung i.d.R. nur 10 (die Vorsitzende der Organisation ist übrigens dieselbe in den letzten 20 Jahren). Diese Situation bedeutet eine ausgeprägte Zentralisierung der Entscheidungskompetenz über die Geldbeiträge so vieler Mitglieder, und natürlich über derer formale Vertretung nach außen. Diese Organisation gilt als eine der vertrauensvollsten und unersetzlichsten in dem Policy-Netz, an dem sie teilgenommen*

---

[10] Die quantitativen Daten stammen aus einer Untersuchung des Instituts für Forstpolitik und Naturschutz der Universität Göttingen im Jahr 2002 und betreffen Organisationen in 8 Ländern (Schweden, Deutschland, Griechenland, Finnland, UK, Spanien, Dännmark, Irland). Diese Akteure waren insgesamt 234 und reichten von Agrarverbänden bis hin zu Bildungsverbänden, die in Umweltpolitik tätig sind. Diese Ergebnisse in bezug auf die Zentralisierung sind hier erstmals veröffentlicht.

[11] Dieser Fall ist auch von dem Institut für Forstpolitik und Naturschutz im Jahr 2002 beobachtet und aus Diskretionsgründen bleibt hier die Organisation anonym.

hat (Anliegen: Zertifizierung der Nachhaltigkeit). Diese Vielzahl von Mitgliedern vertraut ihre Ressourcen also dem Vorsitzenden an, die diese flexibel nach außen vertritt und weiter als Unterstützung verspricht (Drohpotenzial). Ferner wird eine Vorsitzende mit so langer Amtszeit von vielen externen Akteuren als unersetzlich angesehen und hat eine große Bandbreite von Kooperationsbeziehungen in ihrer Umwelt etabliert (Traditionsmacht).

Bei großen Organisationen (z.B. 25000 Mitgliedern) ist oftmals der Vorstand ermächtigt, Entscheidungen zu treffen, die sogar die Satzung modifizieren können. Bei großen Generalversammlungen (z.B. 300-500) gibt es manchmal eingestellte Personen (z.B. Vertreter lokaler Stellen), deren ‚legitimer' Anteil im Vergleich zu den gewählten Personen stets strittig bleibt. Letztendlich können de facto derart große Generalversammlungen nicht besonders häufig und lange tagen (z.B. nur 1 mal pro Jahr und nur für zwei Tage). Darüber hinaus erhalten sie auch sehr beschränkte Möglichkeiten die Agenda zu gestalten (letztere lässt sich i.d.R. von einem kleinen Vorstand – normalerweise 8-15 Personen – bestimmen). Die Macht so großer Generalversammlungen beschränkt sich i.d.R. auf jährliche Haushaltskontrollen und Abstimmung neuer Regelungen z.B. auf die Aufnahme fester Kooperationsbeziehungen und Fraternisierungsaktionen zu anderen Verbänden, oder internen Ausbildungsordnungen, die günstig für dritte Akteure sind. Illustrative Beispiele wären die folgenden:

Ein Pflichtgottesdienst bei einer Jugendorganisation, der das Image der Kirche und der Organisation selber in der lokalen Gesellschaft begünstigt. Damit lässt sich die Überredungsmacht dieser Jugendorganisation und ihr Potenzial neue Mitglieder zu werben verstärken (die gläubigen Familien werden ihre Kinder zu einem Engagement in der Organisation ermutigen).

Ein langfristiges gemeinsames Kooperationsprogramm einer Umweltorganisation mit der Kirche wie z.B. bei der Nachhaltigkeitszertifizierung in Finnland verstärkt tatkräftig die in Finnland verstärkt tatkräftig die Überredungsmacht dieser Umweltorganisation insbesondere bei gläubigen Bevölkerungsgruppen im ländlichen Raum, und damit ihr Mobilisierungspotenzial und folglich ihr Drohpotenzial auf die Regierung.

Solche Regelungen werden vom Vorstand und seinen Arbeitsgruppen sehr detailliert vorbereitet und formuliert, und es ist kein Geheimnis, dass *der Verfasser eines Briefs viel mehr Wirkungsmöglichkeiten hat, als derjenige, der den Brief unterschreibt.* Dieser Zentralisierungserfolg bei so großen Generalversammlungen basiert nicht nur auf den in der Generalversammlung eingestellten Mitgliedern, die die Stellungen des Vorstands fördern, sondern auch auf den Überraschungseffekt; auch wenn die Tagesordnung und sogar manchmal die konkreten Vorschläge den Mitgliedern schon früher bekannt sind, hat der Vorstand dank der Arbeitsgruppen und lokalen Vertreter exklusiven Zugang zu kritischen Informationen, die ihm eine unangreifbare und überraschende Argumentation ermöglichen. Hierzu gehören z.B. Statistiken über die Zahlen neuer Mitglieder in einer großen Jugendorganisation oder peripherale Probleme, die besonders betont werden können und nicht allen Mitgliedern bekannt sind.

Insbesondere große bottom-up- entwickelte Organisationen sind anfällig für informale Zentralisierung und Koordination über Cliquen. Nicht selten erhalten so große Organisationen von Anfang einen besonderen legalen Status, wobei keine Generalversammlung vorgesehen ist.

Durch den einen oder den anderen Weg gerät die Kontrolle zahlreicher Mitgliedsressourcen (Geldbeiträge oder Dienstleistungen) wieder in die Kontrolle von sehr wenigen Personen. Was noch zentralisiert wird, ist das *politische Drohpotenzial* der mehreren Tausend Mitglieder. Das ist nichts anderes als die ständige Berufung des Vorsitzenden auf die große Anzahl seiner Mitglieder, wenn er einen Minister oder eine Industrie mit Verbraucherboykott bedrohen will oder wenn er eine Subvention bzw. Spende erhalten will. Inwieweit er wirklich in der Lage ist, diese Mitglieder zu beeinflussen, ist eine andere Frage, die nicht immer zuverlässig beantwortet werden kann. Auf jeden Fall scheinen die großen gemeinwohlorientierten Organisationen zumindest auf viele Politiker Einfluss auszuüben und damit als politisches Korrektiv zu funktionieren (KROTT/ TRAXLER 1992). Die Politiker erwarten von diesen Organisationen, mehr Akzeptanz zu garantieren und Informationen und Lösungsvorschläge zu liefern.

Die großen Organisationen *wie Greenpeace oder WWF* machen ihr Drohpotenzial mit der Durchführung von großen Aktionen, an denen sich große Zahlen ihrer Mitglieder beteiligen, mit der *Anwerbung* neuer Mitglieder oder mit der *Mobilisierung* von Freiwilligen glaubwürdig (Tilley 1978 nach DALTON 1994:51). Die Freiwilligen gehören in dem Moment der Mobilisierung auch zu den inneren Organisationsressourcen; egal ob sie formal Mitglieder sind oder nicht, bieten sie Arbeitsstunden, politische und soziale Präsens und vielleicht Fachwissen oder Geld. Dadurch werden diese großen Mengen von Ressourcen zentralisiert, von einem kleinen Vorstand oder kleinen Ausschüssen koordiniert und außerhalb der Organisation eingesetzt. Normalerweise haben die Mitglieder oder die Freiwilligen keine besondere Kontrolle auf oder Überblick über diese Aktionen (WALKER 1991:105f)[12].

Bei den großen Organisationen weisen viele Mitglieder „Trittbrettfahrer"-Verhalten auf (OLSON 1971). Allerdings scheint dieser Effekt die Handlungsfähigkeit der Großorganisationen nicht zu beeinträchtigen. Um die tatsächlichen Auswirkungen dieses Effekts besser zu erfassen, muss die Frage beantwortet wird, von welchen Aktivitäten der Großorganisation die meisten Mitglieder ‚Abstand halten'. Erfahrungsgemäß meiden die meisten Mitglieder die Beteiligung an solchen Entscheidungsverfahren

---

[12] Im Extremfall ist Austritt die einzige Weise für die Mitglieder großer Organisationen an der Planung ihrer Organisation mitzuwirken (HIRSCHMAN 1970).

(s. finnisches Beispiel oben), an denen ihre Beteiligung ohnehin faktisch eingeschränkt ist. Was die einzelnen Durchführungsaktivitäten betrifft – zumindest bei gemeinwohlorientierten Organisationen –, werden dazu durch geeignete und professionelle öffentliche Kommunikation genügend Freiwillige mobilisiert. Auf jeden Fall können alle Mitglieder ihren Pflichtbeitrag (Geld) nicht vermeiden, über den wenige Funktionäre entscheiden. Ihre Präsenz in den Archiven der Organisationen ist schon allein eine Basis für die Überredungsmacht der Organisationen gegenüber dritten Akteuren.

Bei wirtschaftsorientierten Organisationen wie Gewerkschaften kann der Trittbrettfahrer-Effekt die Effektivität schwächen und zusätzlich innere Konflikte hervorrufen, die sogar das äußere Image der Organisation beeinträchtigen können (die Auswirkungen des Trittbrettfahrer-Effekts bei Gewerkschaften sind den Arbeitgebern oder anderen Gegnern durchaus bekannt). Die Situation ist hier so unterschiedlich, da es keine Freiwilligen gibt. Deshalb ist die Beteiligung der Mitglieder an den Durchführungsaktionen kritisch und nicht so leicht ersetzbar. *Ein klassisches Beispiel von Trittbrettfahrer-Verhalten ist der Abstand von einem großen Streik, vom dem – wenn er erfolgt – auch die nicht Beteiligten profitieren. Der Trittbrettfahrer-Effekt erscheint auch bei der Entscheidungsfindung: Nur wenige wollen auf Generalversammlungen Zeit investieren. Es überwiegen jene, die keine Zeit darauf investieren, was sie nicht davon abhält, Einfluss zu nehmen. Denn sie kommentieren trotzdem heimlich alles und untergraben ggf. die Entscheidungsfindung (Experteninterviews 10,12).* Allerdings scheint die Beteiligung an Generalversammlungen im Vergleich zu gemeinwohlorientierten Organisationen durchschnittlich höher zu sein.

3.1.2 Diskussion der Zentralisierung

Der Autor hat argumentiert, dass die Zentralisierung der Entscheidungskompetenz eine effektivere Ressourcenkoordination und eine größere Anpassungsfähigkeit an die dynamische Umwelt ermöglicht. Auf diese Weise verstärkt die Zentralisierung die Überredungsmacht und schafft geeignete Bedingungen für die Entwicklung vom Drohpotenzial.

Die Zentralisierung weist aber auch gewisse Nachteile auf; innerhalb der Organisation werden die Kommunikationskanäle *überlastet*. Zusätzlich kann sich die einheitliche und gut koordinierte Strategie, die befolgt wird, irgendwann als *falsch* oder erfolglos erweisen. Darüber hinaus werden mögliche *Besonderheiten* von einzelnen Organisationseinheiten (z.B. lokale Filialen, Mitgliedergruppen oder Privatpersonen) ignoriert, die trotzdem kritisch sein können (HALL 1996:84) (z.B. Mangel an Akzeptanz in einer Region).

Erfahrungsgemäß gibt es eine gewisse Spannung zwischen den Merkmalen *Zentralisierung* und *Humanfaktor* (GIRSCHNER 1990, KROTT/TRAXLER 1992). Damit fragt es sich, ob die Entscheidungsfähigkeit in Einklang mit der Legitimität kommt. Wenn die Entscheidungsfähigkeit nicht mit Kompromiss- oder Verpflichtungsfähigkeit kombiniert werden kann, ist sie wirkungslos. Die gemeinwohlorientierten Organisationen gewinnen an Legitimität und Kompromissfähigkeit dank ihrer Ideologie. Zusätzlich mildert das „Trittbrettfahren“ die Reibungen zwischen den Mitgliedern wegen des Abstands letzterer von den Verfahren. Deswegen gewinnen diese Organisationen das Vertrauen ihrer Mitglieder und werben ständig neue Mitglieder an, obwohl diese Mitglieder sehr beschränkte Partizipationsrechte und Mitwirkungsmöglichkeiten haben (JORDAN/MALONEY 1997:71). Bei wirtschaftsorientierten Organisationen verschärft sich das Legitimitätsproblem (z.B. Gewerkschaften) (WEITBRECHT 1969). Ein möglicher aber doch nicht ‚demokratischer‘ Regelungsmechanismus ist die Konzentration der Informationen auf der höhe-

ren Hierarchieebene, die für die Entscheidung zuständig ist (vgl. BLAU/ SCHOENHERR 1971:56). Insbesondere bei größerer Heterogenität von Aufgabendomänen innerhalb einer Organisation (z.B. einer Gewerkschaft, die Bau-, Industrie-, Landarbeiter und Tischler einschließt), ist die Zentralisierung der Entscheidungsfindung legitimer, da es dort leichter für die Leitungsgruppe ist, die Mitglieder zu überreden, auf die Kontrolle gewissermaßen zu verzichten, mit dem Argument, dass die Mitglieder ihr ‚gemeinsames Interesse' nicht kennen. Auf diese Weise kann die Leitungsgruppe eine gemeinsame Einstellung nach außen zeigen und zuverlässig verhandeln. Somit macht sie das Drohpotenzial des Verbands, aber auch Versprechungen (Überredungsmacht), glaubwürdiger. Die Bürokratisierung ist in solchen Organisationen ein effektives Mittel für die Legitimierung der Zentralisierung (HALL 1968:69).
Ein weiteres Hindernis der Zentralisierung ist das hohe *Bildungsniveau* der Mitglieder (GIRSCHNER 1990:132). Die positive Auswirkung des Bildungsniveaus auf die Partizipation an der Entscheidungsfindung, und die damit einhergehende Schwierigkeit der Gruppenleiter eine einheitliche interne Meinung bei den Mitgliedern zu bilden und ihre Kräfte zu koordinieren, ist schon von MOE (1980:33) und JORDAN/ MALONEY (1997:80) empirisch festgestellt worden. Wer ‚gebildet' ist, will auch einflussreich sein, und glaubt, dass er seine Qualifikationen und sein Fachwissen als Kommunikationskompetenz und Einflusspotenzial bei einer Generalversammlung einsetzen kann (vgl. SONNTAG 1992:147). Wenn Mitglieder mit hohem Bildungsgrad ignoriert werden, dann fühlen sie sich entfremdet, und diese Situation kann entweder zu enormen Reibungen oder zum Austritt der unzufriedenen Mitglieder führen.
Die partizipative Demokratie (HELD 1996), die durch das hohe Bildungsniveau der Mitglieder erzwungen wird, beeinträchtigt die Einstimmigkeit und die einheitliche Positionierung nach außen. Zugleich ist dies ein Hinweis dafür, wie effektiv der Informationsentzug und die Informationskontrolle als Mittel gegen Konflikte sind, den die gebildeten Mit-

glieder natürlich nicht akzeptieren wollen. Ein Mittel, das die Zentralisierung in diesem Fall *legitimiert*, wäre möglicherweise die Einstellung von *hochqualifizierten Experten* in die Leitung der Organisation (SIMON 1981).

Eine langfristige Wirkung der Zentralisierung ist ferner, dass die Mitglieder keine Partizipation an den Entscheidungsprozessen ausüben, um keine ‚Demokratie' *lernen* zu müssen. Ein oligarchischer Vorstand, der aus charismatischen Persönlichkeiten besteht und den Verband immer zu erfolgreichen Aktionen führt, wird nach seinem Weggang unerfahrene Anhänger hinterlassen (Nachfolgeproblem, vgl. ETZIONI 1967:91). Alle werden dann verstehen, dass die starke Handlungsfähigkeit kein echter Erfolg der Organisation war, sondern nur der Erfolg einiger Personen. Entsprechend sollten alle von Beginn an ‚Demokratie lernen', um ihren Verband weiter am Leben zu halten.

Die informale Zentralisierung über Cliquen ist bei großen bottom-up entwickelten Organisationen üblich, während die ‚erfahrenen' oder ‚charismatischen' Personen, die auch heimlich den Vorstand beeinflussen, in kleinen Organisationen häufiger vorkommen (Experteninterviews 2,6,7). Außerdem führt die sogenannte ‚Erfahrung' der älteren Funktionäre, die oftmals eine Mischung von subjektiven Gefühlen, persönlichen Einstellungen oder Gebräuchen ist und nicht besonders mit objektiven Fakten und Generalisierungen zu tun hat, nicht immer zu erwünschten Ergebnissen. Darüber hinaus muss man überlegen, ob es effektiver ist, dass jemand alles von Anfang an lernt oder alte Gebräuche kritiklos wiederholt. Diese Frage wird immer kritischer, solange sich die Umwelt einer Organisation stürmisch ändert und somit das ‚Wissen' der vergangenen Funktionäre veraltet und entwertet wird.

Bei großen top-down-entwickelten Organisationen kommt dieses Phänomen nicht so häufig vor, da der Kreis der Führenden eng bleibt, und ein verschlossenes Nachfolgesystem praktiziert wird. Auf diese Weise gibt es Entfremdung der vielen Mitglieder von den Entscheidungsprozessen, aber sie wird niemals manifest. Bei kleineren Organisationen, die etwa nur aus mehreren Dutzend Mitgliedern bestehen, ist die Partizipationserfahrung viel kritischer für die Nachfolger.

3.2 Personalkräfte

3.2.1 Funktion der Professionalisierung

Ein Verband kann Angestellte beschäftigen. Diese können Führungskräfte (Geschäftsführer), Experten (wissenschaftliche Berater), Sekretariat und allgemeine Hilfskräfte (z.B. Techniker, Aushilfe) sein. Die Professionalisierung – insbesondere bei vollbeschäftigten Kräften – fördert die Festlegung bestimmter Arbeitsverfahren. Letztere können schriftliche Regeln oder überlieferte Bräuche und Traditionen sein. Es wurde festgestellt, dass die Angestellten eines Verbands einen zunehmenden Einfluss auf die Entscheidungsfindung ausüben (LINCOLN/ ZEITZ 1980), da sie im Laufe der Zeit als unersetzlich gelten. Damit führen sie feste Regeln in die Entscheidungsfindungsprozesse ein, die sie von ihrer vorherigen Erfahrung oder Ausbildung adaptiert haben (Routinisierung und Bürokratisierung des Verbands) (vgl. BLAU 1968). Ohne Professionalisierung und bürokratische Strukturen lässt sich die Zentralisierung von Mangel an Regeln, mehr persönlichen Einflüssen und mehr Konflikten bezeichnen (HAGE/AIKEN 1967). Nicht nur verstärkt die Professionalisierung die Zentralisierung der Entscheidungskompetenz durch diesen Mechanismus, sondern sie legitimiert sie auch. Die bürokratischen Strukturen und Vorschriften, die mit der Beharrlichkeit eines Festangestellten geplant, getestet und optimiert werden, werden von den Mitgliedern als legitim angenommen. Je ordentlicher und effektiver diese Strukturen sind, desto mehr Akzeptanz finden sie bei den Mitgliedern (ETZIONI 1967:85).

Die Vorschriften verstärken auch die Kontinuität der Organisation und damit ihre äußere Zuverlässigkeit, da für jedes Problem nicht von Anfang an neu konzipierte und unerprobte Lösungen erforderlich sind. Damit kann der Vorstand und evtl. noch die Angestellten die meisten Entscheidungen ohne lange Argumentationen mit den Mitgliedern treffen. Mit der Bürokratisierung und den formalen Regeln erfolgt der Übergang beim Weggang eines Angestellten oder eines Vorstands relativ reibungslos. Nur der Weggang des unbürokratischen Leiters einer Organisation, dem gegenüber als einzigem die Verpflichtungen mehr persönlich als bürokratisch sind, bedeuten eine ernste Organisationskrise (ETZIONI 1967:91). Trotzdem ist manchmal die ‚Falle der charismatischen Persönlichkeit' auch in den Personalkräften immanent; im Laufe der Zeit haben die Angestellten die Chance ihr potentielles *Charisma* nicht nur innerhalb der Organisation, sondern auch nach außen zu zeigen (charismatische Lobbyisten). Das fördert das Image der Organisation und ihre äußere Überredungsmacht. Auf diese Weise kann sich *traditionelle Macht* auf externe Akteure entwickeln. Dies gilt am stärksten für Angestellte der obersten professionellen Schichten (Geschäftsführer, Experten).

Zusätzlich können sich die Festangestellten um die Vernetzung und die Interessenvertretung der Organisation viel effektiver kümmern als die gewählten Organe, da eine *starke und zugleich breite Vernetzung* ziemlich lange Zeit braucht. Ohne professionellen Lobbyismus kann ein Vorstand entweder viele und schwache Beziehungen zu anderen Akteuren über Öffentlichkeitsarbeit aufnehmen, oder starke aber wenige über persönliche Kontakte (Freundschaftsbeziehungen) der Leitungsgruppe oder bestimmter Mitglieder (Experteninterviews 1,2,11,12). Es ist somit verständlich, dass die vielen und schnellen Beziehungen ziemlich unsicher oder uneffektiv sind, und die starken persönlichen Beziehungen nach dem Weggang der gut vernetzten Vorsitzenden verschwinden oder die Aktivität der Organisation auf wenige Felder einschränken (z.B. nur Umwelt- und Agrarministerium). Es ist also nicht so einfach eine sowohl breite als auch starke und haltbare Vernetzung aufzubauen. Wenn dies überhaupt möglich ist, dann geht es nur bei Festangestellten. Durch breite (vielfältige) und zugleich starke Vernetzung ist ein flexibles und zugleich effektives Handeln möglich.

Eine gut vernetzte Organisation kann ihre Kontakte nicht nur für sich nutzen, sondern auch für andere Organisationen (als ihr Referent). Sie kann nämlich andere Akteure in ein Anliegen einführen und für sie die ersten Kontakte vermitteln. Dies verstärkt das Drohpotenzial der Organisation. An dieser Stelle kann diese Organisation auch die Initiative für die Gründung einer *Koalition* ergreifen.

Ein charakteristisches Beispiel ist die Koalition „Forum Natura 2000" in Brüssel im Jahr 1999. Dabei hat die Konföderation der Europäischen Waldbesitzer (CEPF) eine sehr aktive Rolle gespielt, obwohl sie nicht die größte, einflussreichste oder älteste Organisation im Bereich Landwirtschaft und Umwelt war. Die Organisation der Europäischen Landbesitzer (ELO) z.B. oder noch der Europäische Jägerverband (FACE) vertraten viel breitere Milieus und FACE hatte im allgemeinen ein viel stärkeres Prestige. Trotzdem war die CEPF in „Natura 2000"-Anliegen als erste eingestiegen und hatte die ersten Kontakte zu kritischen Anlaufstellen der EU-Kommission aufgenommen. Dadurch hat CEPF die Rolle des Referenten in diesem Anliegen für viele andere Verbände übernommen (Experteninterviews 3,4,5,6,).

Ein weiterer wichtiger Beitrag des Personals, der direkt mit der äußeren Handlungsfähigkeit verbunden ist, ist die Kontinuität. Die erste Priorität einer Organisation ist logischerweise, eine Organisationsstrategie zu formulieren, die ihre Kontinuität absichert (WALKER 1991:104). Diese *Kontinuität* – und zwar nicht nur des rechtlichen Bestehens der Gruppe, sondern auch ihrer Aktion – wird auch von externen Beobachtern und noch stärker von dritten Kooperationspartnern ernst genommen. Kontinuität bedeutet Verbindung der gegenwärtigen Versprechungen mit den künftigen Taten, und oftmals der Versprechungen eines Vorstands mit dem Entscheidungsverhalten des Nächsten. Insofern identifiziert sich die Kontinuität mit der Zuverlässigkeit in der politischen Praxis.

Adäquate Personalkräfte verbessern das *Implementationspotenzial* der Organisation und realisieren somit die Versprechungen. Damit verstärken sie noch weiter die Zuverlässigkeit der Organisation gegenüber externen Partnern und auch das *Drohpotenzial* (‚entweder akzeptieren Sie unsere Vorschläge, oder wir kooperieren nicht'). Die Rolle der Personalkräfte ist bei heterogenen und gemeinwohlorientierten Gruppen noch kritischer, da es dabei eine viel größere und vielfältigere Bandbreite von Aufgaben und Aufgabendomänen gibt, die intensiv koordiniert und betreut werden sollen (von Entwicklungspolitik bis Luftverschmutzungsbekämpfung).

Führungsdefizite kommen oftmals im Vorstand vor (z.B. bei neuer Wahl). Dann sichern die stabilen Personalkräfte, die den problematischen Vorstand vorläufig ersetzen können oder einen neuen Vorstand in die aktuelle Situation besser einführen können, und auch die angeknüpften Kontakte zu externen Akteuren ständig erhalten, eine harmonische Übergangsphase.

Letztendlich bedeutet oftmals die Professionalisierung eine spezielle Arbeitsteilung, die eine effektivere Erschließung von *Ressourcen* in der Umwelt der Organisation erlaubt (ALDRICH/ PFEFFER 1976, vgl. GIRSCHNER 1990, HALL 1996:69). Jede Organisation ist tätig in einer vielfältigen Umwelt, die verschiedene Arten und Formen von Ressourcen beinhaltet. Die Erschließung dieser Ressourcen ist nötig für das Überleben und die Verstärkung der Organisation, und dazu ist spezialisiertes und erfahrenes Personal erforderlich. Diese Spezialisierung ist besonders bei wissenschaftlichen Kräften (Experten) zu erkennen. In großen Entwicklungsorganisationen z.B. gibt es einen spezialisierten und dementsprechend qualifizierten Referenten für je einen Aktivitätssektor (Agrarsektor, Entwicklungspolitik, Luftverschmutzung), der potentielle Ressourcen beinhaltet (Projekte von verschiedenen Ministerien, Anwerbung neuer Spender, Mobilisierung von Freiwilligen, Ausbildung, Öffentlichkeitsarbeit etc).

3.2.2 Diskussion der Professionalisierung

Die Professionalisierung scheint mit der Bürokratisierung, der Legitimierung, der Stabilität, der Vernetzung und Flexibilität, der Ressourcenerschließung und dem Implementationspotenzial eines Verbands verbunden zu sein. All diese Faktoren haben eine positive Auswirkung sowohl auf die Zuverlässigkeit und die Überredungsmacht eines Verbands nach außen als auch auf die Durchführungskraft und das Drohpotenzial.
Die Professionalisierung wird als Luxus betrachtet, den sich nur große Verbände leisten können. Die Schwierigkeit liegt in den Finanzierungsansprüchen. Das Personal ist normalerweise die größte Kostenstelle. Nur Organisationen mit vielen oder sehr reichen Mitgliedern, die einen festen Beitrag zahlen, können Personal erhalten. Deswegen zeichnen sich die großen Organisationen im Durchschnitt durch stärkere Professionalisierung als die kleinen aus. Das gilt viel mehr für die gemeinwohlorientierten Organisationen, die mehr Finanzierungsquellen erschließen können.
Die Nachteile der Professionalisierung ähneln den Nachteilen der Zentralisierung; Eine professionelle Auswahl, die mit blindem Vertrauen zu den Personalkräften befolgt wird, führt *nicht* immer zu den *erwünschten* Ergebnissen. Ein Festangestellter hat ggf. mit vielen Mitgliedern umzugehen, die sich unterschiedlich verhalten und denken (und zwar amateurhaften Mitgliedern, die sich nicht so professionell verhalten). Oftmals sind z.B. viele Mitglieder nicht so konsequent wie ein Hauptamtlicher und können sich an ein professionelles Management nicht so gut anpassen. Diese Verschiedenheit kann zu *Missverständnissen* oder Konflikten führen. Die Personalkräfte müssen vor jeder Initiative damit rechnen, dass sie in einem Verband und nicht in einem Betrieb arbeiten.

Noch ein Nachteil der Professionalisierung ist, dass nach vielen Jahren manche Festangestellte als ‚unersetzlich' betrachtet werden, oder eine sehr eigene Arbeits- oder Handlungstradition eingeführt haben. Dann entstehen wieder *Nachfolgeprobleme* wie bei der unprofessionellen Zentralisierung, die beschrieben wurden.
Wenn die Nachfolge einen großen Wandel an den Strategien der Organisation verursacht (z.B. Neuorientierung oder Einschränkung der Öffentlichkeitsarbeit oder Änderung des Kommunikationsstils), dann kann die äußere Handlungsfähigkeit beeinträchtigt werden. Diese Komplikationen können verschärft werden, wenn der weggegangene Angestellte als charismatisch gilt und er keine genügende oder ausreichend funktionelle bürokratische Struktur errichtet hat. In diesem Fall kann die Professionalisierung doch die Kontinuität der Aktivität beeinträchtigen. Dies kann vermieden werden, wenn die Professionalisierung von Verwissenschaftlichung (Einstellung wissenschaftlicher Kräfte) gefördert wird, sofern die wissenschaftlichen Kräfte auf der Basis klaren und *übertragbaren* Fachwissens (Methoden und Daten) arbeiten und nicht auf persönlichem Charisma (vgl. STEHR 1994:541f).

3.3 Heterogenität

3.3.1 Funktion der Heterogenität

Es wird erwartet, dass ein Verband mit heterogenen Aufgabedomänen (Vielzweck- Organisation) ‚erfolgreicher' als ein Einzweck- Verband ist (ETZIONI 1967:31). Ein heterogener Verband hat eine größere *Anziehungskraft*, da mehr Milieus und Personen ihre Bedürfnisse darin befriedigen können (POHLMANN 2002:228). Außerdem können die heterogenen Domänen einander *ergänzen* und eine bessere Outputqualität erreichen (Zielsynergie). Diese Hypothesen stimmen aber nur, wenn die heterogenen Ziele zentral koordiniert werden. Die Heterogenität kann andererseits die Einigung der Mitglieder und die Handlungsfähigkeit des Verbands beeinträchtigen, wenn die heterogenen Domänen unabhängige Interessen der Mitglieder ausdrücken, die oftmals einander unterdrücken wollen (*Prioritätsprobleme*).

Zur ersten Kategorie gehören z.B. Umweltorganisationen, die durch Top-Down- Prozesse entwickelt sind (MOE 1980). Zur zweiten Kategorie gehören manche wirtschaftsorientierte Organisationen oder Koalitionen, die bereits existierende Interessen zusammenzuschließen versuchen (Bottom-up- Prozess), die nicht immer einig werden können (z.B. gemischte Agrarverbände, die Viehzüchtern bis Harzproduzenten einschließen) (NOLLERT 1997). Diese Fälle und die entsprechenden Mechanismen werden anhand von Beispielen diskutiert[13].

Die Heterogenität ist eine Dimension der Komplexität und zwar der horizontalen Ausdifferenzierung (HALL 1996). Unter Heterogenität wird hier die Bandbreite von Aufgabendomänen verstanden. Die Heterogenität ist eine allgemeine Struktur.

---

[13] Ähnliche Mechanismen und Eigenschaften gelten auch für die räumliche Ausbreitung eines Verbands, wie unten argumentiert wird.

Eine Entwicklungsorganisation, die sich nicht nur um Südostasien, sondern um Afrika und Südamerika kümmert, ist heterogener als eine, die nur auf Südostasien fokussiert ist. Eine Gewerkschaft, die zugleich Industrie-, Land-, Bauarbeiter, Tischler und Werkstatttechniker vertritt, ist schon sehr heterogen. Ein Landwirtschaftsverband, der Land- und Waldbesitzer, Korkproduzenten, Viehzüchter und Agrarunternehmer einschließt, ist ein übliches Beispiel von Heterogenität. Letztendlich weisen die Umweltaktivisten eine sehr große Heterogenität auf (Umweltbildung, Entwicklung, Agrarpolitik, Luftverschmutzung, Energie, Biodiversitätsschutz, Waldschutz, Meerökosysteme, Tierschutz, Mobilisierung, Naturerleben, Naturdenkmalschutz und noch weiteres) (Experteninterviews 7,8,11,14,15).

Heterogenität ist eine Art und Weise von Arbeitsteilung, die eine Organisation funktioneller und in ihrer Umwelt wettbewerbsfähiger macht (BÜSCHGES/ ABRAHAM 1997, GIRSCHNER 1990). Sie bedeutet im Idealfall eine besondere zweckspezifische Koordinierung der vielfältigen Kräfte, die eine Organisation haben kann, nämlich eine spezialisierte Arbeitsteilung nach Interessen und Ressourcen, die erschlossen werden können. Je heterogener eine Organisation ist, desto mehr Ressourcen kann sie in ihrer vielfältigen Umwelt entdecken und nutzen. KANTER (1977) betont die Bedeutung der Heterogenität für den Pluralismus in einer Organisation. In unserem Fall gilt dies nicht für den *Pluralismus* an persönlichen Meinungen, sondern an Strategien, Lobbyismustaktiken und Anlaufstellen. Vielfältige Anlaufstellen können sehr nützlich bei Neuorientierung des öffentlichen Interesses an anderen Politikbereichen sein. *Wenn z.B. das Interesse der Agrarpolitik nicht mehr der Viehzüchtung gilt, und stattdessen die Korkproduktion unterstützt, dann kann ein heterogener Landwirtschaftsverband, der auch Korkproduzenten vertritt, weiter einflussreichen Lobbyismus ausüben (Drohpotenzial).* Im allgemeinen kann eine heterogene Organisation behaupten, dass sie dementsprechend viele Milieus und Berufsgruppen vertritt, und dies scheint wichtiger zu sein als der Organisationsgrad (nämlich der Anteil von jeder Gruppe, der wirklich organisiert ist). Der *Lobbyismus* ist der allgemeine Gewinn der Heterogenität, der bei allen Organisationen erreichbar ist. Allerdings ist der flexible Lobbyismus nicht der einzige Vorteil der Heterogenität.

Ein weiteres Ergebnis ist die breitere *Mobilisierung und Mitgliederanwerbung* (Drohpotenzial). Eine Organisation, die in ihren vielfältigen Aufgabendomänen effektiv wirbt, kann Menschen verschiedener Interessen und Gruppen anziehen. Die heterogenen Organisationen haben mehr Mitglieder als mono-sektorale Organisationen gleicher Ebene (lokal, national, international) und gleicher Orientierung (Gemeinwohl oder Wirtschaft). *Umweltorganisationen z.B., die heterogener sind, haben auch mehr Mitglieder und Freiwillige in jeder Aktion, als Umweltorganisationen, die auf wenigere Domänen fokussieren.*

Organisationen mit vielen Mitgliedern haben eine größere ‚Kondition' bei Konflikten mit anderen Organisationen. Dies kommt vor, weil bei Konflikten üblich ist, dass Mitglieder aus den kleinen und schwachen Organisationen austreten (KROTT 2001). Diese Mitglieder können dann von der größeren und heterogenen Organisation aufgenommen werden.

Noch eine Funktion der Heterogenität, die am meisten an gemeinwohlorientierten Organisationen beobachtet wird, ist die Erschließung alternativer *Finanzierungs- oder anderer Unterstützungsressourcen* (vgl. MILLER/ FRIESEN 1984:277). *Bei einer Entwicklungsorganisation z.B., die sich mit Armutsbekämpfung, Infrastruktur, und Gesundheit beschäftigt, gibt es mehr entsprechende Finanzressourcen; für Armutsbekämpfung hat evtl. das Ministerium für Entwicklung ein Finanzierungsprogramm eingerichtet, für die Infrastruktur kann eine Industrie eine Spende tätigen (Wasserpumpen), und für die Gesundheit kann eine Pharmaindustrie eine Spende oder eine Religionsorganisation (Kirche) Dienstleistungen kostenlos anbieten.* Im Idealfall bedeuten drei Aufgabendomänen zumindest drei entsprechende Unterstützungsmöglichkeiten. Es wurde beobachtet, dass gemeinwohlorientierte Organisationen mit nur 3 Aufgabendomänen ungefähr 3 Finanzierungsressourcen haben, während diejenigen mit 10 Aufgabendomänen im Durchschnitt 6-9 Ressourcen erschließen[14].

3.3.2 Diskussion der Heterogenität

Wie bereits dargelegt, kann die Heterogenität bei allen Typen von Organisationen das Drohpotenzial verstärken. Die vielen Aufgabedomänen einer Organisation erweitern auf diese Weise ihre *strategischen Optionen* (Klientel und Zielgruppen, Anlaufstellen, mögliche Finanzierungsquellen) (CHANDLER 1962, CHILD 1972). Davon abgesehen, dass eine Organisation keine eigene Ressourcen hat, sondern alle Ressourcen aus ihrer Umwelt erwirbt, sind die breiten strategischen Optionen ein entscheidendes Potenzial für das Überleben und die Entwicklung der Organisation in einer komplexen Umwelt (vgl. HASENFELD 1972, vgl. JACOBS 1974); *je heterogener eine Organisation, desto mehr und verschiedenartige Ressourcen kann sie in ihrer Umwelt erkennen und erschließen.* Mit einem Zusammenschluss (vorläufige Kooperation oder permanente Koalition) werden die strategischen Optionen von vielen heterogenen Organisationen noch mehr erweitert.
Ein übliches Dilemma bei hoher Heterogenität ist, ob die Heterogenität die Kompromissfähigkeit und die Einigkeit der Organisation beeinträchtigt (KROTT/ TRAXLER 1992, vgl. WEITBRECHT 1969). Wenn dies geschieht, dann wird die äußere Berechenbarkeit der Organisation gefährdet. Die Prioritätensetzung ist in heterogenen Organisationen auch kompliziert. Gemeinwohlorientierte Großorganisationen sind schon von

[14] Quelle: Institut für Forstpolitik und Naturschutz, Universität Göttingen (2002). Diese Ergebnisse sind hier erstmalig veröffentlicht.

starker Zentralisierung geprägt. Damit können sie durch Heterogenität ein großes Drohpotenzial erreichen, ohne viele innere Koordinationsschwierigkeiten zu erfahren. Heterogene wirtschaftsorientierte Verbände (Händler, Agrarverbände, Industrieföderationen, Gewerkschaften) scheinen für solche Reibungen anfälliger zu sein, da sie oftmals durch Bottom-up- Prozesse aus vielen heterogenen Klientelgruppen mit festgelegten Interessen und Traditionen zusammengeschlossen sind (z.B. gemischte Agrarverbände), ihre Mitglieder sich direkt betroffen fühlen und wichtige Interessen aufs Spiel gesetzt werden. Zwei Mechanismen können dann eingesetzt werden:

Der eine besteht darin, dass die Vorsitzenden sich genau auf diese Heterogenität berufen, um die Mitglieder zu überreden, dass sie (die Vorsitzenden) dank ihrer zentralen und ‚neutralen' Position in der Organisation ihr gemeinsames Interesse besser kennen. Deshalb können sie es gegenüber Dritten effektiver vertreten, wenn sie genug Vertrauen und Freiheit haben, um als freie Agenten im Namen der Mitglieder zu handeln und sofortige verbindliche Antworten für sie an Dritte zu geben (vgl. WEITBRECHT 1969, COLEMANNN 1986a).

Der zweite Mechanismus besteht in der Einschränkung der Artikulationsfähigkeit der heterogenen Subgruppen in der Organisation. *Wenn z.B. eine Schuhindustriegewerkschaft, Handarbeiter, Verwaltungsbeamte und Schuhmakler zusammenschließt, dann hat jede dieser Subgruppen das Recht, nur bis 2 oder 3 Forderungen und Themen auf die Tagesordnung einer Generalversammlung zu setzen. Auf diese Weise sind evtl. Konflikte bei der allgemeinen Prioritätensetzung und Strategiegestaltung leichter zu bewältigen (Experteninterviews 2,10).*

Zusätzliche Taktiken, um die Kompromissfähigkeit bei hoher Heterogenität zu verstärken, beziehen sich auf Zentralisierungs- und Legitimierungsstrukturen (Professionalisierung und Bürokratisierung der Organisation oder Einstellung von Experten in die Leitungsorgane).

3.4 Multidisziplinarität

3.4.1 Funktion der Multidisziplinarität

Mit der Multidisziplinarität kann eine Organisation Überredungsmacht in den entsprechenden Bereichen entwickeln. Damit kann sie Beamten und die Bevölkerung von ihren Positionen überzeugen und damit neue Ressourcen erschließen (neue finanzielle oder institutionelle Unterstützung von dem Staat oder Unternehmen, neue Mitglieder oder Freiwillige etc). Die Multidisziplinarität ist eine Form horizontaler Ausdifferenzierung (Arbeitsteilung im Fachwissen) und steht im Zusammenhang mit der Heterogenität. Es wurde beobachtet, dass heterogene Organisationen am meisten multidisziplinär sind. Dies war erwartet, da logischerweise eine heterogene Organisation verschiedene Experten für die entsprechenden Aufgabendomänen braucht (Biologen für die Luftverschmutzung, Sozialwissenschaftler für die Entwicklungspolitik etc). Eine Organisation mit 9 Aufgabendomänen hat tatsächlich 8-9 unterschiedliche Experten (solange sie diese natürlich bezahlen kann). Es ist auch bemerkenswert, dass zumindest in den Organisationen, die in europäischen umweltpolitischen Netzen tätig sind, zumindest 22 Disziplinen insgesamt eingesetzt werden können (von Archäologie bis Medizin)[15]. Der große Wert der Multidisziplinarität für das wissenschaftliche Image und die Argumentation in der Politikarena ist von den meisten Organisationen anerkannt. Insbesondere die gemeinwohlorientierten Großorganisation haben die Möglichkeiten (Finanzlage), wissenschaftliche Kräfte zu beschäftigen. Gleichzeitig brauchen aber diese Organisationen die Multidisziplinarität mehr als wirtschaftsorientierte Verbände, weil sie in viel mehr Politikbereichen

---

[15] Quelle: Institut für Forstpolitik und Naturschutz, Universität Göttingen (2002). Diese Ergebnisse sind hier erstmals veröffentlicht.

verwickelt werden und mit mehr Konflikten und Debatten konfrontiert werden[16].

SIMON (1981) betrachtet das Fachwissen als eine Basis der Autorität. Die Multidisziplinarität ist eine übliche Form des organisierten Fachwissens in vielen Organisationen. Die Multidisziplinarität kann im Rahmen der Professionalisierung entwickelt, oder auch mit dem Einsatz von freiwilligen Sachmitarbeitern vielfältiger Disziplinen[17] gewonnen werden. Die Multidisziplinarität trägt am meisten zu der Überredungsmacht der Organisation bei. Dies erfolgt über zwei Mechanismen:

I. Der erste und einfachste Überredungsprozess ist dieser von ETZIONI (1975): Symbolmanipulierung.

Die **Symbole**, auf die sich die Experten berufen, um das Vertrauen von Dritten zu erlangen, sind ihre akademischen Qualifikationen. *Die meisten glauben dem Biologen einer Umweltorganisation, wenn er sagt, ‚dass die Luft verschmutzt ist', ohne seine biochemischen Untersuchungen kontrollieren zu wollen.* Dasselbe gilt wenn der gleiche Biologe sagt, ‚dass es ein Problem wegen der Luftverschmutzung geben wird'. Letztere Aussage beinhaltet auch politische Normen, die

---

[16] Quelle: Institut für Forstpolitik und Naturschutz, Universität Göttingen (2002). Diese Ergebnisse sind hier erstmals veröffentlicht.

[17] Wie oben diskutiert, fördert die Einstellung von wissenschaftlichen Kräften die Legitimierung von Zentralisierung und die Kompromissfähigkeit bei hoher Heterogenität und zwar bei vielen gebildeten Mitgliedern. In einem multidisziplinären Team kontrollieren die Fachkollegen auch einander; Damit können manche nicht so leicht ein absolutes Vertrauen als Wissenschaftler und damit Immunität gegen jede Kontrolle ergreifen (ETZIONI 1967:124) und dadurch den Vorstand ersetzen und die Zentralisierung stören (vgl. FÜRSTENBERG 1995:58). Allerdings sind die nicht die Hauptmechanismen, mit denen die Multidisziplinarität die Handlungsfähigkeit fördert.

auf keinen Fall wissenschaftlich zu überprüfen sind; ‚Problem' für wen und von wem definiert? Außerdem, wann wird dieses ‚Problem' zustande kommen? *Sehr leicht kann man z.B. die Wichtigkeit der Biodiversität widerlegen, wenn man sich auf andere viel ‚wichtigere' Anliegen beruft (z.B. Armut, Kriege, Energiekrise).*

Indem sie ihre akademischen Titel einsetzen, können die Experten auch politische Argumentation betreiben und als ‚wissenschaftlich' und objektiv darstellen. *Je mehr, höhere und vielfältigere akademische Qualifikationen in dem Expertenteam eines Verbands erscheinen, desto mehr ist die Glaubwürdigkeit der objektiv-faktischen (und normativ-politischen) Aussagen garantiert.*

II. Der zweite Mechanismus der Multidisziplinarität ist die **multiple (allseitig überprüfte) Argumentation** (MAJONE 1989)

MAJONE (1989:6) unterscheidet zwischen formalem Beweis- und Überredungsverfahren. Ersteres findet seinen reinen und ursprünglichen Ausdruck in der Mathematik und letzteres in der politischen Diskussion, die zwischen den Organisationen stattfindet. Deshalb kann ein politisches Thema immer offen bleiben und wieder aufgegriffen werden. MAJONE betont noch, dass in der Politikarena zwischen den Experten keine wissenschaftliche Forschung betrieben wird, sondern eher eine politische Diskussion mit wissenschaftlicher Terminologie und dienlich ausgewählten Fakten. Auf diese Weise sind diese Experten – wie sie manchmal auch selber annehmen – nicht Wissenschaftler, sondern Politikanalytiker (jeder aus seiner fachlichen Sicht).

MAJONE (1989:46) verglich die Politikanalyse und **Argumentation** der Organisationsexperten mit einem Handwerk und hat versucht, sie nach dem vierteiligen Muster von Aristoteles zu klären: Nach Aristoteles kennzeichnet sich ein Handwerk durch sein Material, die Werkzeuge, die zu seiner effizienten Fabrikation erforderlich sind, seine Form und seinen Zweck (Nutzung).

1. Das *Material* der praktischen Politikanalyse lässt sich mit den Daten und Information, die zur Problemdefinition (Formulierung der Streitfrage) eingesetzt werden, identifizieren. Diese Daten kommen aus einer Beobachtung, die normalerweise nicht von den Organisationen selber durchgeführt wird, sondern von Forschungsinstituten oder anderen Informationszentren (z.B. Wirtschaftsinstituten, naturwissenschaftlichen Instituten, Industrie etc). Diese Daten brauchen normalerweise weitere quantitative oder qualitative Bearbeitung, um in einer Diskussion oder Präsentation brauchbar und vermittelbar zu werden (und zwar beim allgemeinen Publikum). *Eine Regression von Daten oder Zusammenhängen abstrahiert aus intensiven Interviews sind z.B. ‚elegante' und öffentlich kommunizierbare Informationen.*

2. Die *effizienten Werkzeuge* eines Politikanalytikers sind die Methoden und Theorien seines Fachs: Dokumentenanalyse, natur- oder wirtschaftswissenschaftliche Theorien etc. *Je höher die Multidisziplinarität, desto breiter das verfügbare Instrumentarium.*

3. Die *Form* einer Analyse ist die Struktur des Arguments. MAJONE (1989:63) definiert das Argument als eine logische Struktur, die Daten und Informationen mit der erwünschten Folgerung verbindet. *Je nach der erwünschten Folgerung (Stellungnahme) selektiert der Fachpolitikanalytiker dienliche Daten oder Informationen aus einem breiteren Informations- und Datenblock.* Diese sind die *Evidenzen*, und diese Selektion ist der Kern der effektiven Argumentation. Eine Information, die irrelevant oder unverständlich für das betreffende Publikum oder ungeeignet eingegliedert in das Argu-

ment ist, stellt keine ‚beweiskräftige' Evidenz dar und zerstört die Argumentation. Die Effektivität der Selektion hängt von der Kommunikationsfähigkeit des Fachanalytikers und auch von seiner Fachkompetenz ab (nämlich von seiner Übersicht über und seinem Zugriff zu möglichst breitem Informations- und Datenblöcken). *Deshalb erhöht sich die Argumentationseffektivität mit der Multidisziplinarität: Auf Basis eines möglichst breiten Informationsblocks wird ein Argument allseitig unterstützt und damit wird es weniger angreifbar.*

4. Der *Zweck* der Analyse ist die bestrebte Folgerung. Eine Folgerung kann ein Vorschlag, eine Einschätzung, eine neue Perspektive oder Evaluation sein.

Die folgenden vereinfachten Beispiele können angeführt werden:
Die Biogeografen einer Umweltschutzorganisation selektieren geografische Daten (z.B. Luftphotos) und dienliche Fragmente ökologischer Landkarten, um diese als Evidenz für die Bodenerosion und Biodiversitätsgefährdung wegen der Kahlschläge beim Umweltministerium zu präsentieren und letzteres von der Notwendigkeit von Schutzmassnahmen zu überreden.
Die Forstwissenschaftler und Ökonomen einer Agrar- und Holzindustrieföderation oder eines Landbesitzerverbands selektieren andererseits demografische und Waldinventurdaten, um zu zeigen, dass sich das ‚Problem' der Landflucht aufgrund von Arbeitslosigkeit in Regionen, in denen kein Kahlschlag stattfindet, verschärft, während die Waldfläche insgesamt in Europa zunimmt und damit keine Schutzmassnahme nötig ist.

Viel klarer ist die Rolle der Multidisziplinarität bei der **Evaluation** bzw. Kritik an politischen Programmen und Aktionen anderer Akteure; Nach einer plausiblen Kritik findet ein Gegenvorschlag stärkere Resonanz[18]. Nicht alle Kriterien und Disziplinen sind für alle Aktionen gleich relevant. Umwelt- und Forstwissenschaft, Ingenieur- und Naturwissenschaften sind eher für die Evaluation der Effizienz bestimmter Ergebnisse relevant, während die Rechtswissenschaft für den Prozess (Legalität) und die Wirtschaftswissenschaft für die Inputs (nötige Kosten: Geld, Zeit) relevant sind (MAJONE 1989:169). Damit wird auch klar, dass die Multidisziplinarität eine entsprechend multidisziplinäre Evaluation ermöglicht. Und je intensiver die Kooperation innerhalb des multidisziplinären Teams einer Organisation ist, desto ‚innovativer' wird der Evaluationsbericht – nämlich etwas mehr als die Summe der separaten Evaluationen von je einer Disziplin allein- und damit umfassender und aussagekräftiger.

3.4.2 Diskussion der Multidisziplinarität

Die Multidisziplinarität kann auch der Überredungsmacht einer Organisation durch Symbolmanipulierung (akademische Titel) dienen und durch flexible und zutreffende Argumentationsfähigkeit über alle möglichen Aktivitätsbereiche einer Organisation reichen. Der erste Mechanismus scheint für eine einfache Kommunikation hinreichend zu sein (z.B. bei öffentlicher Kommunikation, wobei keine besondere Kontrolle auf die Aussage praktiziert wird). Eine allseitig überprüfte (multiple) Argumen-

---

[18] Je nach der Messbarkeit der Politikergebnisse (Output: Akzeptanz, Konflikte, Verlustursachen), des Kenntnisstandes des Prozesses und natürlich je nach der Dienlichkeit jeder von diesen Variablen fokussiert eine Evaluation auf die Ergebnisse, den Prozess, oder einfach den investierten Input (wenn weder der Output noch der Prozess kenntlich oder dienlich sind).

tation ist aber an einem Verhandlungstisch mit mehreren Experten und widerstreitenden Interessen nötig.
Die Multidisziplinarität scheint einer Organisation nur Vorteile zu bescheren. Dennoch wird ein Verband mit multidisziplinärem Team etwa ein Forschungsinstitut nicht ersetzen und wirklich ‚innovative' Lösungen vorschlagen können, die das Leben seiner Zielgruppen (z.B. Verbraucher, Naturtouristen, Kulturfreunde etc) ändern können. Innovation ist eine Synergie zwischen den Disziplinen, die etwas mehr als bloß die Summe dieser Disziplinen erbringt. Das Ergebnis der Multidisziplinarität bei den Verbänden sind eher Argumente, die vielseitig unterstützt oder leicht geglaubt werden.

3.5 Räumliche Ausbreitung

3.5.1 Funktion der räumlichen Ausbreitung

Die räumliche Verbreitung wird von vielen Organisationstheoretikern als weitere Dimension horizontaler Ausdifferenzierung betrachtet (HALL 1996:56). Nur große Verbände oder Koalitionen von Verbänden können sich Filialen in verschiedenen Orten leisten. Im Fall von Koalitionen können vermutlich ihre Mitgliedsorganisationen diese Rolle spielen. Durch die Ausbreitung kann eine Organisation zu den folgenden Potenzialen Zugriff haben (MOE 1980): *lokale Information, lokale Anlaufstellen, lokale Bevölkerung.*

3.5.1.1 Lokale Information

Bevor ein Anliegen in die politische Diskussion kommt, tritt dieses als technisch-ökonomisches Problem bestimmter Orte auf. Anschließend wird die politische Diskussion darüber von Organisationen gefördert, die als erste Zugriff zu relevanten lokalen Informationen haben. *Bevor z.B. die Nachhaltigkeit in der internationalen Politikarena diskutiert wurde (Agenda 21), ist sie als lokales Problem in verschiedenen Arten und Formen und an mehreren Orten erschienen: Ausbeutung von Naturressourcen in tropischen Ländern, Vertreibung der lokalen Bevölkerung, Landflucht, Arbeitslosigkeit in Großstädten etc. Nichtregierungsorganisationen wie Entwicklungs- und Umweltorganisationen, die lokale Filialen hatten, hatten schon eigene Statistiken aufgestellt, Interviews mit betroffenen Zielgruppen geführt, visuelles Material erhoben und präzise Berichte erstattet. Ihre Berichte waren damit original und sehr plausibel (Überredungsmacht).*

Auf diese Weise haben diese Organisationen an Vertrauen gewonnen, und waren z.T. in der Lage die Rolle der (z.T. ungebetenen) Volksvertreter als erste zu übernehmen. Die Rolle dieser Organisationen ist bei der Agendagestaltung in der Politik ziemlich groß (NOLLERT 1997).

Die Erhebung lokaler Informationen unterscheidet sich nicht so sehr von einer Justizuntersuchung: Sie besteht auch aus Befragung örtlicher Zeugen oder Betroffener, Fotografieren etc. Dieses Material wird bearbeitet und die geeigneten Daten, die für die Stellung der Organisation sprechen, werden selektiert. Die daraus entstehenden Argumente werden nicht nur über die Presse, sondern auch über private Kommunikationsmittel der Organisation verbreitet. Dadurch können diese Organisationen Skandale androhen (Drohpotenzial) und auch bei jeder Argumentation schlagfertig sein, da sie über eine sehr große Datenbank verfügen (vgl. ARROW 1974:35f).

Ein charakteristisches Beispiel ist, dass im Jahr 1999 die EU-Kommissionsbeamten der Generaldirektion Umwelt nur die von den Umweltorganisationen vorgeschlagenen Schutzgebiete (‚Schattenlisten') akzeptiert hatten. Das Hauptargument der EU-Beamten dafür war, dass Umweltorganisationen wie WWF und „Friends of the Earth" einen globalen Überblick über ganz Europa haben, und damit ihre Vorschläge größere Akzeptanz bei den örtlichen Bevölkerungen gefunden hätten (Experteninterviews 8,13,15)[19].
Mit anderen Worten können die weit ausgebreiteten Organisationen nicht nur plausible Berichterstatter, sondern auch legitime Volksvertreter spielen, insbesondere wenn sie auch gemeinwohlorientiert sind. Die Staatsorgane erwarten von diesen Organisationen relevante und globale Informationen und bieten institutionelle oder auch finanzielle Unterstützung als Gegenleistung (HENNING/ WALD 2000). Entscheidungen, die auf diesen Informationen basieren, werden als legitim betrachtet, wenn diese Informationen aus gemeinwohlorientierten Organisationen stammen (MEYER/ SCOTT 1983:202, vgl. SCOTT 1995:46).

3.5.1.2 Lokale Anlaufstellen

Die Kontakte zum Bürgermeister, zu anderen Behörden und anderen Organisationen sind äußerst bedeutsam für die Implementation eines Projektes. *Nicht selten – und nicht nur in ‚Entwicklungsländern' – bittet z.B. die Regierung die Nichtregierungsorganisationen um Hilfe bei der Sammlung von Humanitärhilfe. Dazu ist die Zusammenarbeit mit lokalen Unternehmen und anderen Akteuren an verschiedenen Orten erforder-*

---

[19] Sehr entscheidend sind die privaten Informationsressourcen bei internationalen Organisationen wie der EU, die kein adäquates eigenes Fachwissen haben (NOLLERT 1997).

lich. Organisationen mit vielen lokalen Filialen bieten eine fertige Brücke zwischen Zentrum (Großstädte) und Peripherie (Kleinstädte und Dörfer). Unternehmen sind auch bereitwilliger, Spenden an weit verbreitete Organisationen zu vergeben. Denn sie glauben, dass diese ihre Firmennamen besser verbreiten können. Diese potentielle Hilfe ist schon ein wichtiges Drohpotenzial und erscheint nicht selten bei gemeinwohlorientierten Organisationen.

3.5.1.3 Lokale Bevölkerung

Organisationen mit vielen Filialen bieten nicht nur auf der Ebene der Anlaufstellen eine fertige Brücke, sondern auch auf der Ebene der Bevölkerung (vgl. HIRSCHMAN 1970). Organisationen mit Gemeinwohlorientierung finden eine bessere Akzeptanz unter der Bevölkerung. Viele davon – wie Umwelt-, Bildungs-, Religionsorganisationen – organisieren sorgfältig öffentliche Aktionen, woran die Partizipation großer Teile der Bevölkerung mobilisiert wird. Diese Aktionen sind sowohl attraktiv als auch zweckrational. Diese Aktionen sind z.B. Reinigungs- und Umweltaktionen, Spiele, spektakuläre Konzerte etc. je nach den örtlichen Erwartungen und dienen den Interessen der Organisationen (Anwerbung neuer Mitglieder, Mobilisierung, Öffentlichkeitsarbeit und politische Überredung bezüglich sozialer Anliegen wie Umwelt, Chancengleichheit etc). Auf diese Weise kann eine Organisation ein Mobilisierungspotenzial an jedem Ort erhalten. Dies verstärkt drastisch ihr Drohpotenzial. Eine solche Organisation kann sogar den politischen Parteien nützlich sein.

3.5.2 Diskussion der räumlichen Ausbreitung

Unter Berufung auf die Notwendigkeit regionaler Partizipation, die auch von der Agenda 21 vorgesehen ist („People's world"), schaffen es die räumlich weit ausgebreiteten Organisation ihr Drohpotenzial und ihre Überredungsmacht zu maximieren. Dies gilt insbesondere für Organisationen, die mit Staatsinstitutionen verhandeln.

Die räumliche Ausbreitung hat positive Auswirkung auf die Handlungsfähigkeit, solange die lokalen Vertretungsstellen einer Organisation nur eine exekutive Rolle spielen, und die Entscheidungsfindung einer zentralen Stelle der Organisation überlassen. Wenn die lokalen Stellen auch eine Entscheidungsrolle spielen, dann werden sie miteinander oftmals ziemlich große Koordinationsprobleme haben, da die lokalen Bedingungen stark unterschiedlich sein können und die lokalen Stellen zu unterschiedlicher Prioritätensetzung zwingen.

Die verschiedenen Aufgabendomänen einer Umweltorganisation (Entwicklung, Meerökosysteme, Naturerleben, Luftverschmutzung) finden vielleicht unterschiedliche Resonanz je nach Ort; für die Bevölkerung einer Großstadt ist evtl. das Naturerleben und Luftverschmutzungsanliegen am meisten relevant. Für eine arme Gebirgsbevölkerung sind eher die Entwicklungsanliegen von großer Bedeutung. Eine Insel oder eine an der Küste gelegene Kleinstadt ist wahrscheinlich der einzige Ort, wo bei der Bevölkerung ein starkes Interesse an Meerökosystemen erweckt werden könnte.

Wenn alle diese unterschiedlichen Filialen nur diese Information über das jeweilige Bevölkerungsinteresse an die zentrale Führungsstelle liefern, damit letztere ein Programm für das ganze Land herausarbeitet, das die lokalen Stellen danach durchführen, dann kann diese Organisation die oben erwähnten Potenziale (lokale Information, Anlaufstellen, und Bevölkerung) ideal verwerten.

Dies ist normalerweise der Fall bei Organisationen, die durch einen Top-Down- Prozess entwickelt wurden (NOLLERT 1997). Die meisten Umwelt- oder Entwicklungsorganisationen (z.B. WWF, Greenpeace, CA-FOD) sind normalerweise auf diese Weise gestaltet (WAPNER 1996): Zuerst ist eine nationale Zentralstelle in einer Hauptstadt gegründet worden, und danach sind lokale Filialen entstanden.

Große Koordinationsprobleme können bei denjenigen Organisationen aufkommen, die durch Bottom-up-Prozesse entstanden sind (Koalitionen und oftmals wirtschaftsorientierte Verbände) (vgl. MOE 1980). Bei einer Koalitionsorganisation können vermutlich die Mitgliedsorganisationen die Rolle der lokalen Stellen übernehmen. Aber in diesem Fall sind die Mitgliedsorganisationen älter als die Koalition. Sie haben deswegen schon gewisse eigene Prioritäten und Traditionen seit langem festgesetzt. In diesen Fällen stellt sich oftmals die Frage: *Existieren die Mitglieder für ihre Koalition, oder die Koalition für die Mitglieder?* Mit anderen Worten erwarten die Mitglieder oftmals, dass die zentrale Stelle als exekutives Organ für ihre lokalen Interessen fungiert, und sie sind kaum bereit, die zentrale Stelle als flexiblen ‚Agenten' anzunehmen und selber exekutives Organ werden. Normalerweise wird die zentrale Stelle nur von wenigen Lobbyisten und Hilfskräften besetzt, die organisatorische und Kommunikationsaufgaben erledigen (STRAUCH 1993a,b).

Sehr repräsentative Beispiele sind der Agrarverband Europas (COPA) und der Europäische Waldbesitzerverband (CEPF). Ihre Mitgliedsorganisationen in den verschiedenen Ländern und europäischen Regionen erwarten eher von ihrem zentralen Büro in Brüssel ihr exekutives Organ zu sein als umgekehrt. Oftmals entstehen Koordinationsprobleme wegen der unterschiedlichen ökologischen Bedingungen, nationalen Agrarpolitiken, Eigentumsverhältnisse und regionalen Traditionen. Charakteristischerweise nennt man in Brüssel solche Bottom-up- Koalitionen nicht international oder supranational wie die WWF und andere Umweltorganisationen, sondern multinational, da sie von nationaler Interessenvertre-

tung geprägt sind und kaum eine konkrete gemeinsame Position nach außen formulieren können. Dies beeinträchtigt ihre äußere Überredungsmacht. Das einzige Potenzial, das sie im Idealfall verwerten könnten, wäre ihr Zugang zu lokalen Informationen. Aber auch diese Berichte sind oftmals ein Konglomerat aus Fakten und normativen Aussagen (lokale Interessenvertretung). Nur diejenigen Fakten werden betont, die die lokalen Agrarinteressen bedienen (Experteninterviews 3,4,6,8).
Im allgemeinen wird verständlich, dass die räumliche Ausbreitung für top-down- entwickelte Organisationen dienlich ist, während sie bei Koalitionen sehr häufig Komplikationen hervorrufen kann.

3.6. Gesetzliche Autorität

Unter gesetzlicher Autorität werden alle Rechte verstanden, die wertvolle innere Verhandlungsmittel sind. Ein Recht, das alle rechtsfähige Verbände (z.B. eingetragene Vereine) erwerben können, ist das Eigentumsrecht auf einen Raum oder ein Grundstück. *Ein Verband kann seinen Raum einer anderen Organisation zur Verfügung stellen (oder seinen Entzug androhen). Er kann auch dieses Eigentum weiter vermieten und auf diese Weise als Finanzierungsressource benutzen. Ein Umweltverband kann z.B. auch autorisiert sein, sich an der Verwaltung eines Naturparks zu beteiligen oder Veto auszuüben.* Diese Formen gesetzlicher Autorität können das Drohpotenzial eines Verbands auf eine einfache und verständliche Weise verstärken. Eine weitere Form gesetzlicher Autorität, die i.d.R. Verbände von Arbeitnehmern betrifft, ist der Tarifvertrag, der als Beispiel näher diskutiert wird.

3.6.1 Funktion der gesetzlichen Autorität am Beispiel der Tarifautonomie

Der Tarifvertrag wird in der Verbandsforschungsliteratur als wichtiges Einflusspotenzial erwähnt. Der Tarifvertrag ist ein klassisches Politikinstrument in liberalen Märkten, die häufig mit Spannungen zwischen Arbeitnehmern und -gebern verbunden sind. Ein Tarifvertrag ermöglicht dem Führungsapparat einer Gewerkschaft eine verbindliche Entscheidung für seine Mitglieder festzulegen.
Auf diese Weise steht der Führungsapparat in einem Spannungsfeld zwischen Arbeitnehmern und Arbeitgebern, übt aber zugleich ein erhebliches Drohpotenzial auf beide Seiten aus. Zugleich kann ein Arbeitgeber mit wenigen Arbeitervertretern eine Gehaltsfrage flexibler bearbeiten und eine verbindliche Lösung für alle Arbeiter verabreden. Zugleich ersparen sich die zuständigen Staatsorgane erhebliche Zeitkosten und politische Komplikationen im Bereich Arbeitsmarkt.
Der Tarifvertrag ist eine Abtretung einer ansonsten staatlichen Zuständigkeit und Befugnis (RUDZIO 1996:103) an Arbeitnehmer- oder Arbeitgeberverbände. Normalerweise haben solche Verhandlungsautorisierungen Gewerkschaften von Arbeitnehmern inne (z.B. Industrie- oder Landarbeiter, Angestellten und Beamten). Die Aussage Schmids (nach WEITBRECHT 1969:19) ist charakteristisch:

> „Dass der Staat schließlich so weit ging, dass er seine Richter anwies, auf Grund von
> Tarifvereinbarungen Recht zu sprechen, das bedeutet nichts anderes, als dass er außer
> sich selbst noch einen anderen Gesetzgeber anerkannte".

Und diese neuen ‚Gesetzgeber' sind unter idealen Bedingungen die Organisationen von Arbeitnehmern und Arbeitgebern, die durch ihre beid- und gegenseitige Kampfgeschichte die Anerkennung des Staats und der

Gesellschaft gewonnen haben. Und tatsächlich ist es so: Die Anerkennung des Staates findet ihren Ausdruck in der Rechtsfähigkeit des Tarifvertrags vor einem Gericht und die soziale Anerkennung in der Akzeptanz des Ergebnisses einer Verhandlung von den Arbeitnehmern. Die Tarifautonomie hat zwei Funktionen: einerseits ist sie ein Konfliktregelungsmechanismus zwischen Arbeitnehmern und -gebern (EDWARDS 1991:32), andererseits ist sie eine Normsetzungsmethode durch Koalitionen von Arbeitsgewerkschaften (MÜLLER-JENTSCH 1986:16). Deswegen stellt der Tarifvertrag ein unverkennbares Drohpotenzial für eine Organisation dar, das für die Arbeitgeber auch nützlich ist, solange es Gewerkschaften und Verhandlungen gibt.
Eine Gewerkschaft kann seine Tarifautonomie als ein allgemeines Drohmittel verwenden (auch bei Streitfragen, die mit dem Gehalt nicht direkt etwas zu tun haben). Sie kann z.B. drohen: *‚Entweder wird ein erwünschtes Arrangement in bezug auf das Verfahren für Zertifizierung der Nachhaltigkeit und der Permanenz der Arbeitsplätze festgelegt, oder wir machen Schwierigkeiten in künftigen Verhandlungen über das Gehalt'.*

3.6.2 Diskussion der gesetzlichen Autorität am Beispiel der Tarifautonomie

Im Gegensatz zu anderen gesetzlichen Autoritäten (wie das Eigentumsrecht) erfordert der Erwerb des Tarifvertrags einen besonderen legalen und sozialen Status; der Verband soll eine rechtsfähige Gewerkschaft sein und sich zugleich durch erheblichen Organisationsgrad auszeichnen, so dass eine zuverlässige Verhandlung im Namen aller Arbeitnehmer möglich ist. Dies gilt insbesondere bei Gesetzgebungen oder Sektoren, in denen die Mitgliedschaft in einer bestimmten Gewerkschaft nicht vorgeschriebenen ist. *In manchen Ländern können z.B. die Geschäftsangestellten in mehr als einer Gewerkschaft organisiert werden (z.B. Gewerbe-*

oder Handelsgewerkschaft einer Stadt). Der Organisationsgrad drückt die Vertretungsfähigkeit eines Verbands aus. Der Organisationsgrad ist zumindest bei Gewerkschaften, die in europäischen umweltpolitischen Netzen tätig sind, beachtenswert (95%-100%). Der hohe Organisationsgrad in den Gewerkschaften fördert ihre Einflussnahme auf den Arbeitsmarkt (BERGMANN et al. 1976:26). Die Steigerung des Organisationsgrads könnte theoretisch die Kompromissfähigkeit einer Gewerkschaft beeinträchtigen. Aber zugleich lässt sich die Verpflichtungsfähigkeit durch den Tarifvertrag verstärken. Zugleich werden Komplikationen wegen Mangels an Kompromissfähigkeit durch den Trittbrettfahrer-Effekt eingeschränkt (viele sind organisiert, aber wenige nehmen an der Generalversammlung teil). Auf diese Weise erhält sich ein Gleichgewicht zwischen Legitimität und Effektivität. Im allgemeinen scheint der hohe Organisationsgrad die Chance für den Erwerb eines Tarifvertrags zu verbessern (DEUTSCHMANN 1988:242). WEITBRECHT (1969) sieht eher die Tarifautonomie in Kombination mit hohem Organisationsgrad als einen Konfliktregelungsmechanismus zwischen Arbeitgebern und –nehmern, der die Wahrscheinlichkeit gewalttätiger Aktionen vermindert[20].

---

[20] Aus der Betrachtungsweise von Dahrendorf (WEITBRECHT ebd.) lässt sich ein Konflikt durch zwei Dimensionen bestimmen: a. seine Gewaltsamkeit (Streik, Sabotage etc), und b. seine Intensität. Erstere – wie in der Einführung geklärt – zählt nicht zu der Macht einer Organisation bei verbalen Verhandlungen und ist in dieser Studie uninteressant. Letztere bedeutet den Grad der Teilnahme der Betroffenen. Die Intensität lässt sich hier als Organisationsgrad operationalisieren. Dahrendorf argumentiert noch, dass je weiter eine Gruppe organisiert ist, desto weniger gewaltsam wird sie beim Konflikt; Und das stimmt im folgenden Sinne: Je höher der Organisationsgrad, desto höher die Wahrscheinlichkeit eine Tarifautonomie zu akquirieren, und damit eine verbale Verhandlung ohne Gewalteinsatz zu gewinnen.

4. Interaktionen zwischen den Strukturen

Die Handlungsfähigkeit einer Organisation hängt auch davon ab, inwieweit sie innere Strukturen miteinander koordinieren kann. Diese Strukturen sollten Machtsynergie erzeugen und nicht im Widerspruch zueinander stehen. In diesem Abschnitt werden mögliche Interaktionen zwischen den Organisationsstrukturen diskutiert.

4.1 Zentralisierung, Heterogenität und räumliche Ausbreitung

Wie schon ausgeführt, ist es die Zentralisierung von Entscheidungskompetenzen und nicht von Durchführungsaufgaben, die die Handlungsfähigkeit einer Organisation verstärkt. Die Durchführungsaufgaben können und sollen möglichst dezentralisiert sein, um die äußere Machtposition der Organisation zu verbessern.
Die *Heterogenität* scheint auf erstem Blick die Zentralisierung zu verhindern. In der Praxis kann jedoch die Heterogenität mit der Zentralisierung kompatibel sein und die Machtsynergie erhöhen, wenn sich die Heterogenität nur auf die Durchführung bezieht und nicht auf die unabhängigen Interessen, die in einer Organisation entstehen. Dies hängt von dem Entstehungsprozess der Organisation ab (Top-down oder Bottom-up). Wenn eine Organisation als eine zentrale Einheit gegründet würde und danach ihre Ziele weiter spezifiziert, ausdifferenziert und die Aufgaben dementsprechend geteilt hat (Top-down- Arbeitsteilung), dann ist diese Heterogenität an den Aufgaben kompatibel mit der Zentralisierung, da in diesem Fall die Prioritäten auch zentral gesetzt sind. Als Beispiel können die großen Umweltorganisationen angeführt werden.
Die WWF hat als eine englischdeutsche Initiative für beschränkte Aufgabendomänen begonnen. Ursprüngliches Ziel war die Geldsammlung für Naturschutzprojekte (Biodiversitätsschutz und Wildlifemanagement).

Danach hat sie sich auf mehrere Aufgabendomänen erstreckt (Entwicklung, Energie, Meerökosysteme etc). Aber diese Ausdifferenzierung der Ziele entsprach einer angemessenen Arbeitsteilung, Hierarchie, Zeit- und Geldverteilung, die zentral koordiniert worden war (Top-down-Entwicklung) (vgl. WAPNER 1996).

Bei Organisationen, die *bottom-up*-entwickelt wurden, sieht die Situation ganz anders aus; in diesem Fall wurden zuerst viele heterogene Ziele (Interessen und Aufgabendomänen) von mehreren Kleinorganisationen getrennt festgelegt, und danach haben sich diese Organisationen entschieden, sich zusammenzuschließen, um ihre Ressourcen zusammenzulegen, und ihre Ziele effektiver zu verfolgen. Die kritische Frage ist in diesem Fall immer, inwieweit diese Ziele *gemeinsam* verfolgt werden können; ist wirklich das, was diese Kleinorganisationen einigt, stärker als das, was sie differenziert? Um die Problematik des Bottom-up-Prozesses besser zu klären, muss man ihn mit einem Aufbauprojekt metaphorisch vergleichen: Es ist, als ob man zuerst ein Haus baut, und danach das Baudesign auf den Tisch legt. Unter diesen Umständen ist es utopisch, eine harmonische Koordinierung der zusammengelegten Ressourcen von einer zentralen Stelle zu erwarten.

Normalerweise kommt der Bottom-up- Prozess zustande, wenn manche Organisationen eine gemeinsame *Bedrohung von außen* empfinden. Dann entscheiden sie sich, eine Koalition zu gründen. Wenn diese Bedrohung permanent und generell ist, dann hat die Koalition auch eine gute Chance permanent zu sein und sich zentralisieren zu lassen. Wenn die Bedrohung vorläufig und sehr spezifisch ist, dann ist die Zukunft der Koalition unsicher, und es ist riskant, dass ein Mitglied sehr viel Geld, Zeit oder langfristige Hoffnung darauf investiert.

I.d.R. erscheinen solche Koalitionen bei wirtschaftsorientierten Organisationen. Diese vertreten oftmals heterogene Interessen und bezeichnen sich von verschiedenen Traditionen, Arbeitsweisen etc. *Ein Beispiel permanenter Koalition solcher Organisation ist der Agrarverband Europas (COPA). Dieser ist ein Zusammenschluss*

(COPA). Dieser ist ein Zusammenschluss nationaler und regionaler Agrarverbände, die sehr heterogene Interessen vertreten (Viehzüchter, Kork-, Harz-, Getreideproduzenten, Weinbauer, Land- und Waldbesitzer, Molkereien etc). Alle diese haben sich entschlossen, sich zusammenzuschließen, um ihre Interessen in internationalen Feldern (insbesondere bei den EU-Institutionen) zu vertreten.
Die scharfe Bedrohung, die die Landwirtschaftsverbände empfunden haben, stammte und stammt von der Restriktionspolitik der EU auf die Landwirtschaft. Ziel der EU war, die landwirtschaftliche Produktion drastisch einzuschränken, damit die EU in Zukunft fast ausschließlich auf Sekundär- und Tertiärproduktion basiert (Industrie und Dienstleistungen). Viele Agrarlobbyisten sind der Meinung, dass die EU die landwirtschaftliche Produktion gerne dritten Ländern bzw. der ‚dritten Welt' überlassen möchte. Diese ist eine langfristige und allgemeine Bedrohung insbesondere für EU-Regionen, die nicht stark industrialisiert sind, und fast ausschließlich auf der Landwirtschaft basieren. Aber an diesem Punkt kommen auch die ersten Reibungen zwischen den Mitgliedern von Agrarverbänden zustande: Landwirtschaftsregionen, die auch industrialisiert sind, verlangen Subventionen anderer Art und haben andere Prioritäten als diejenigen, die gar keine integrierte Agrarindustrie haben (Reibungen zwischen Norden und Süden). Manche Mitglieder wie Portugal haben sehr großes Interesse an der Korkproduktion, während andere wie Griechenland ein erhebliches Interesse an Harz- und Ölproduktion haben. Die Vorschriften in bezug auf die Getreide-, Wein- und Molkereiprodukte sind auch ein Spannungsthema zwischen den Mitgliedern. Letztendlich gibt es ganz unterschiedliche Prioritäten zwischen Wald- und Landbesitzern. Die Waldbesitzer werden mit den Naturschutzmassnahmen konfrontiert, die die liberale Forst- und Holzwirtschaft beeinträchtigen, während die Landwirte sich mit ganz anderen Herausforderungen konfrontieren (Frühpension für ältere Landwirte, Subventionen von Aufforstungen des ländlichen Raums, um die Agrarproduktion zu mi-

nimieren etc). Andere Zusammenschlüsse, die Zentralisierungsschwierigkeiten aufweisen sind der Dachverband der Jäger Europas (FACE) und die Konföderation Europäischer Papierindustrien (CEPI), die ihren Sitz wie COPA in Brüssel haben.

Allerdings sind diese Zusammenschlüsse angesichts permanenter und allgemeiner Bedrohungen gegründet worden. Diese Bedrohungen stellen ein starkes Motiv für sie dar, diese Reibungen gewissermaßen zu beseitigen und ein Mindestmaß an Zentralisierung zu bewahren.

Ein Zusammenschluss, der auf Basis vorläufiger Bedrohung gegründet wurde, war das „Forum Natura 2000" im Jahr 1999 in Brüssel. Dies war ein Zusammenschluss von Landbesitzern, Waldbesitzern, und Jägern, die sich von den Naturschutzrestriktionen der EU-Richtlinie „Natura 2000" betroffen fühlten. Sehr viele Kleinorganisationen haben sich geeinigt, um eine günstige Interpretation dieser Richtlinie zu formulieren und vorzuschlagen. Ziemlich viel Geld und Zeit wurde investiert (Transaktionskosten, Sitzungen, englischsprachige Anwälte für die Formulierung der Satzung der neuen Koalition etc). Angesichts der plötzlichen Bedrohung, die von der Naturschutzpolitik der EU und von dem Lobbyismus der Umweltaktivisten in der EU-Kommission stammte, ließen sich viele heterogene Organisationen von der Konföderation Europäischer Waldbesitzer bündeln. Aber es ist fraglich, wie lange so eine Zentralisierung wirksam sein kann und wie lange so eine heterogene Organisation nach Abwenden dieser spezifischen Bedrohung zusammenhält.

Nach diesen Beispielen ist klar, dass die *räumliche Ausbreitung* eine ähnliche Rolle wie die Heterogenität spielt und auf gleiche Art und Weise die Zentralisierung beeinflusst: positiv bei Top-down-Arbeitsteilung und negativ bei Bottom-up-Prozess (Koalitionen).

Die einzige Chance eines Führungsapparats eine Koalition zusammenzuhalten, besteht darin, die heterogenen Mitglieder an die *gemeinsame* externe Bedrohung zu erinnern und die gemeinsamen Schwachstellen (betroffene Interessen, mangelnde Verteidigungsmittel) aufmerksam zu machen. Außerdem muss der Führungsapparat ihnen die Hoffnung einreden, dass er ihre heterogenen Ressourcen in äußeres Drohpotenzial (breite Vertretungsfähigkeit) umwandeln kann, wenn sie ihm genügende Flexibilität und Autorität überlassen und nicht vor jeder verbindlichen Entscheidung eine Generalversammlung verlangen.

4.2 Zentralisierung, Personalkräfte und Multidisziplinarität

Die *Zentralisierung* wird von der *Professionalisierung* begünstigt. Die Festangestellten können jede Aktion und Information archivieren. Diese *Bürokratie* und die *Datenbanken* sind eine unablässige Basis für eine schnelle und zugleich unangreifbare Entscheidung. Es ist nicht zufällig, dass die gemeinwohlorientierten Großorganisationen hoch zentralisiert und zugleich hoch professionalisiert sind.

Darüber hinaus halten i.d.R. die Personalkräfte einen gewissen Abstand von den Mitgliedern, da die kleine Angestelltengruppe längere Zeit im Organisationsgebäude verbringt, tieferen Zugang zu aktuellen Informationen hat und engere Zusammenarbeit mit dem Führungsapparat praktiziert oder mit letzterem noch fraternisieren lässt. Deswegen können die Angestellten relativ unbeeinflusst von den persönlichen Einstellungen jedes Mitglieds und vom Meinungspluralismus bleiben. Damit sind sie bereit eine einheitliche Position zu formulieren und zu vertreten, die auf konkreten Informationen ihrer Archive und gemeinsamer Prioritätensetzung basiert. Auf diese Weise unterstützen die Angestellten die gemeinsame Positionierung der Geschäftsführer oder beeinflussen auch selber die Entscheidungsprozesse.

Die Professionalisierung legitimiert die Zentralisierung auch in wirtschaftsorientierten Organisationen, in denen viele Reibungen aufgrund der heterogenen und unabhängigen Interessen ihrer Mitglieder entstehen (z.B. ein heterogener Verband, der Gründ- und Wohnbesitzer ein-

schließt). Dabei kann ein professioneller Lobbyist z.T. die Rolle des Geschäftsführers und des Stellvertreters übernehmen und somit eine einige und zuverlässige äußere Position darstellen.
Die Multidisziplinarität kann sich im Rahmen der Professionalisierung entwickeln (Einstellung von Experten). Oben wurde argumentiert, dass die wissenschaftlichen Kräfte die Zentralisierung stark legitimieren können. Deswegen sind sie besonders nützlich oder auch nötig in Organisationen mit vielen hoch qualifizierten Mitgliedern, die in die Entscheidungsprozesse verwickelt werden wollen (JORDAN/ MALONEY 1997, GIRSCHNER 1990). Wenn die wissenschaftlichen Kräfte einer Organisation viele Fachgebiete vertreten und eine vielseitige Argumentation liefern können, dann können sie die innere Kontrolle (der Mitgliedern) auch vielseitig abwehren. Wenn das Expertenteam hoch qualifizierte Experten hat, dann können die gebildeten Mitglieder angesichts der akademischen Qualifikationen der Experten leichter überredet werden und auf intensive Kontrolle der Entscheidungsfindung verzichten. Allerdings ist ein geeigneter Kommunikationsstil dazu erforderlich (die Öffentlichkeitsarbeit ist nicht außerhalb, sondern auch innerhalb der Organisation nötig).

4.3 Heterogenität, Multidisziplinarität und räumliche Ausbreitung

Die *Heterogenität* scheint sehr stark verbunden mit der *Multidisziplinarität* zu sein. Die Heterogenität an Aufgabendomänen und die Multidisziplinarität sind beides Dimensionen von Arbeitsteilung. Insbesondere bei gemeinwohlorientierten Organisationen, in denen die heterogenen Aufgabendomänen von einer zentralen Stelle initiiert und weiter entwickelt werden, wird für jede Aufgabendomäne zumindest ein zuständiger Experte angestellt.
Wirtschaftsorientierte Organisationen können auch heterogen sein, aber eher an den unabhängigen Interessen der einzelnen Mitglieder und nicht

so sehr im Sinne der Arbeitsteilung. Den verschiedenen Aufgabendomänen der wirtschaftsorientierten Gruppen entspricht eine Bottom-up-Prioritätensetzung wie im Fall von Koalitionsbildung. Diese Bottom-up-Prioritätensetzung funktioniert wie ein trichterförmiger Filterprozess, durch den die kompatiblen Ressourcen und gemeinsamen Interessen von den inkompatiblen getrennt werden:

Ein Besitzerverband z.B., der Wohn-, Laden-, Grundstück- und Landbesitzer hat, versucht möglichst viel gemeinsames und nicht möglichst viel differenziertes unter den Mitgliedern herauszufinden, um die Mitglieder zu einigen. Deshalb wird dieser Verband ***nicht*** *vier unterschiedliche Experten für seine vier Domänen anstellen, die das Feuer der Differenzen zwischen den Mitgliederinteressen schüren werden (z.B. Wohnungsexperte, Diplom-Kaufmann, Grundstückexperte und Agrarwissenschaftler). Im Gegenteil wird dieser Verband nur einen Experten anstellen, der möglichst nur die wenigen gemeinsamen Interessen der Mitglieder bedienen wird und letztere auf die Gemeinsamkeiten aufmerksam machen wird. Das kann z.B. ein Ökonom für die gemeinsamen Marktinteressen sein oder vielleicht ein Öffentlichkeitsarbeitsexperte (Experteninterviews 1,11).*

Deshalb zeichnen sich sehr heterogene wirtschaftsorientierte Organisationen durch deutlich weniger Multidisziplinarität im Vergleich zu den gemeinwohlorientierten Organisationen aus.

4.4 Gesetzliche Autorität und Zentralisierung

Die gesetzliche Autorität kann die Zieleffektivität einer zentralisierten Organisation deutlich verbessern. Ein Vorsitzender, der die Entscheidungskompetenz auf sich zentralisiert hat, kann z.B. das Eigentumsrecht der Organisation auf ein Grundstück oder Raum schnell verwenden (er kann z.B. den ansonsten nutzlosen Raum vermieten und damit noch eine

Finanzierungsressource für die Organisation beschaffen). Die Tarifautonomie, die hier insbesondere analysiert wurde, ist eine gesetzliche Autorität, die bei stark zentralisierten Gewerkschaften sehr schnell zugunsten der oder gegen die Mitglieder funktionieren kann. Ein Gewerkschaftsvorsitzender, der über Tarifautonomie verfügt, kann sehr schnell eine Entscheidung mit dem Arbeitgeber abschließen, die für alle Mitglieder verbindlich sein wird. Dadurch gewinnt die Organisation an Handlungsfähigkeit. Eine gesetzliche Autorität, deren Verwendung Akzeptanz bei den Mitgliedern findet, legitimiert auch die Zentralisierung.

5. Schlussbetrachtung

5.1 Allgemeine Folgerungen

Argumentiert wurde, dass bestimmte innere Strukturen die Handlungsfähigkeit einer Organisation verstärken. Die erste Hypothese, dass durch innere Strukturen eine Organisation *anpassungsfähig* an ihrer dynamischen Umwelt sein kann, wurde von der Argumentation über die Zentralisierung und Professionalisierung bestätigt. Mit Beispielen wurde illustriert, dass ein Verband mit zentralisierten Entscheidungsprozessen sehr flexibel ist und die Personalkräfte dabei eine hilfreiche Rolle spielen. Der Autor hat auch gezeigt, dass Zentralisierung und die Professionalisierung sowohl das Drohpotenzial als auch die Überredungsmacht verstärken können. Die große Bedeutung der Zentralisierung hat ebenfalls die Hypothese gefördert, dass Legitimität und Effektivität nicht immer zusammenpassen. Eine weitere Bemerkung ist, dass es für große Organisationen nötiger aber auch leichter ist (wegen des Trittbrettfahrer-Effekts) sich zu zentralisieren.

Die zweite Hypothese, dass eine Organisation durch bestimmte innere Strukturen, *Ressourcen* in ihrer Umwelt erschließen kann, wurde auch diskutiert; die Heterogenität an Aufgabendomänen bei zentralisierten Verbänden und die damit verbundene Multidisziplinarität als auch die räumliche Ausbreitung kann zu der Erkennung und Erschließung einer dementsprechend großen Bandbreite von Ressourcen führen. Diese Ressourcen können Geld, Humankapital (Mitglieder und Freiwillige), Kontakte und Informationen sein. Sie können sowohl das Drohpotenzial als auch die Überredungsmacht verstärken.

Die dritte Hypothese, dass innere Strukturen als *wertvolle Mittel* gegenüber äußeren Akteuren und damit als Machtmittel der Organisation funktionieren können, ist mit den Beispielen der gesetzlichen Autorität (Tarifautonomie und Eigentumsrechte) illustriert worden.

Es wäre jedoch ein Versäumnis, die ernsthaften *Nachteile* dieser machtrelevanten Strukturen nicht zu betonen: Ein Vorstand, der eine starke Zentralisierungsstrategie betreibt, wird nach seinem ‚Abgang' unerfahrene ‚Angehörige' hinterlassen. Außerdem gibt es keine Garantie, dass diese einheitliche Strategie und die damit einhergehende Unterdrückung des Pluralismus zu den erwünschten Ergebnissen führen (insbesondere bei charismatischen Personen). Dieselbe Abhängigkeit kann zustande kommen, wenn in den Personalkräften charismatische Personen eintreten, die keine feste Regel befolgen und ihre Stelle sehr lange besetzen (Traditionsmacht). Die Heterogenität kann die Handlungsfähigkeit einer Organisation beeinträchtigen, wenn es nicht um zentral koordinierte Aufgabendomänen (wie top-down-entwickelte Umweltorganisationen), sondern um heterogene Koalitionen (wie bottop-up- entwickelte wirtschaftsorientierte Verbände) geht, die verschiedene unabhängige Interessen gleichzeitig zu vertreten versuchen.

5.2 Vorschläge für die Praxis

Praxisrelevant ist die Wechselwirkung zwischen Legitimität und Effektivität. In der organisationssoziologischen Literatur wird oftmals ein Spannungsfeld zwischen Zentralisierung und Humankapital einer Organisation beschrieben (s. GIRSCHNER 1990). Dies ist aber nicht immer der Fall. Mit einem Rückblick auf die bisherigen Ausführungen kann konkreter eingeschätzt werden, unter welchen Bedingungen die Legitimität mit der Effektivität vereinbar sein kann.
Nach dieser Analyse kann man sich ein Idealbild von Handlungsfähigkeit machen: Eine optimale Handlungsfähigkeit erreicht ein Verband, in dem die Entscheidungsprozesse stark zentralisiert sind, der hoch professionalisiert ist und möglichst viele Aufgabendomänen und entsprechende Experten hat, der durch einen Top-down-Prozess entwickelt wurde, und

auch erhebliche gesetzliche Autoritäten erworben hat. Zugleich sollten die Kräfte vieler Mitglieder oder Freiwillige zentralisiert werden, ohne dass letztere protestieren oder eine Kontrolle verlangen.

Normalerweise können große gemeinwohlorientierte Organisationen all diese Strukturen gleichzeitig entwickeln und eine phänomenale Handlungsfähigkeit erreichen. Ein wohlbekanntes Beispiel sind Umweltorganisationen wie der WWF, der bei politischen Verhandlungen überredungs- und durchsetzungsfähig sowie mobilisierungsfähig ist.

Obwohl diese Organisationen stark zentralisiert sind und ihre Zieleffektivität auf Kosten der inneren ‚Demokratie' (kollektiven Entscheidungsfindung) verbessern, stoßen sie auf (fast) keinen Protest ihrer Mitglieder, die bereitwillig die Entscheidung über ihren Geldbeitrag oder ihr Arbeitsinput wenigen und oftmals ihnen unbekannten Personen überlassen. Für die Mitglieder ist diese Situation *legitim*, wenn auch nicht kollektiv.

Die Gemeinwohlorientierung und zwar Werte, die in der sozialen und politischen Umwelt und innerhalb dieser Organisationen eine große Resonanz finden, spielen bei dieser Legitimität eine wichtige Rolle.

Eine allgemein akzeptierte Ideologie ist leicht zu internalisieren (BERGER/ LUCKMANN 1967:92)[21]. Diese Organisationen haben eine allgemein akzeptable Ideologie, die oftmals den Charakter einer Leerformelakzeptanz erhält (wie z.B. die schöne aber abstrakte Idee der ‚Nachhaltigkeit'). Außerdem sind diese zahlreichen Mitglieder nicht stark abhängig von den Dienstleistungen dieser Organisation; alle wissen mehr oder weniger, dass sie durch ihre Partizipation als einzelne Individuen nichts besonderes an ihrem Leben, ihrer Organisation oder der Welt ändern können. Durch ihre Partizipation befriedigen sie hauptsächlich Geselligkeitsbedürfnisse, Zugehörigkeitsgefühl oder Bedürfnisse nach politischer Information oder Äußerung (vgl. CLARK/ WILSON 1961:130). In sol-

---

[21] Deswegen ist eine Norm oftmals noch kräftiger als eine gesetzliche Autorität (SCOTT 1995:46).

chen Organisationen sind Zieleffektivität und Legitimität kompatibel. Allerdings bedeutet Legitimität in diesem Fall **nicht** Partizipationsrecht an der Entscheidungsfindung, sondern eine Leerformelakzeptanz.

In bottom-up-entwickelten und kleinen top-down-entwickelten Verbänden sieht das Verhältnis zwischen Legitimität und Zieleffektivität anders aus. Die Zieleffektivität setzt auch hier eine gewisse Zentralisierung voraus, die aber die Mitglieder oftmals nicht als legitim annehmen können. Das Verlangen der Mitglieder nach Teilnahme an der Entscheidungsfindung ist stärker und macht die Situation komplizierter.
Bei bottom-up-entwickelten Organisationen wie Gewerkschaften oder Unternehmens- und anderen Kapitalbesitzerföderationen haben die Mitglieder etwa konkretere Erwartungen (Förderung ihrer Marktinteressen). In großen bottom-up-entwickelten Organisationen erscheint wieder zum gewissen Maß der Trittbrettfahrer-Effekt aber weniger als bei top-down-entwickelten Organisationen gleicher Größe; bei Gewerkschaften gibt es auf jeden Fall im Durchschnitt ein größeres Interesse von Seiten der Mitglieder an der Entscheidungsfindung. Ein Hinweis dafür ist, dass die Leitungsgruppen sich nicht von engen Kreisen kontrollieren lassen und sich damit viel rascher erneuern. Gänzlich neue Personen, die von den ‚anonymen' Mitgliedern stammen, kandidieren oftmals erfolgreich (Experteninterviews 2, 12). Außerdem sind die Konflikte in großen bottom-up-entwickelten Organisationen viel extensiver als in top-down-entwickelten Gruppen, sie gehen über den Kreis des Führungsapparats hinaus und betreffen direkt die Mitglieder[22].
Wenn ein bottom-up-entwickelter Verband klein ist (wie die Gewerkschaft eines Kleinunternehmens oder der Landbesitzerverband eines Dorfs), dann erhält die Rolle jedes einzelnen Mitglieds einen neuen Stel-

---

[22] Unter den Mitgliedern finden oftmals mehrere und unterschiedliche parteipolitische Kräfte ihren Ausdruck und versuchen eine Stelle im Vorstand zu erkämpfen.

lenwert, und damit wird die Zentralisierung noch weniger tolerabel (insbesondere von denen, die mehr von ihrem Verband erwarten und mehr in ihn investiert haben). Auch in kleinen top-down-entwickelten Organisationen (z.B. ein lokaler Kulturverband oder Studentenverein) ist der Beitrag (Geld, Zeit) jedes einzelnen Mitglieds bedeutsam (SMITH 1973:60f). Ein Mitglied, das etwas mehr Geld oder Zeit als die anderen investiert hat, verlangt, dass sein Wort bei dem Einschlag der Strategie seiner Organisation mehr zählt[23].

Folglich ist die Frage der Legitimität und Zieleffektivität am relevantesten für die bottom-up-entwickelten und die kleinen top-down-entwickelten Verbände; einerseits ist eine gewisse Zentralisierung erforderlich, um ein Mindestmaß an Handlungsfähigkeit zu ermöglichen, und andererseits ist ein Mindestmaß an Legitimität auch nötig, damit diese Organisationen zusammengehalten werden (insbesondere die kleinen).

Vorschläge für diese Verbände, um einen goldenen Schnitt zwischen Zentralisierung und Legitimität zu erreichen, wären die folgenden:

[23] Ein großer gemeinwohlorientierter Verband, wie die Freimaurerei oder die Pfadfinderschaft, der horizontal und vertikal sehr weit ausdifferenziert ist und aus vielen Abteilungen (Untergruppen, Nebenausschüsse, Arbeitsgruppen, Verwaltungsebenen, Entscheidungsorganen) besteht, kann auch Eigenschaften kleiner Organisationen aufweisen: dort ist der Trittbrettfahrer-Effekt deutlich eingeschränkt, der Beitrag jedes Mitglieds ist erkennbar, und jeder verlangt eine Gegenleistung für seine Zeitinvestition. Aber so eine Organisationen muss nicht als eine ganzheitliche Großorganisation, sondern als ein System von diesen Abteilungen betrachtet werden. Jede Abteilung von diesen (z.B. eine Loge, eine pfadfinderschaftliche Gruppe von 20 Mitgliedern oder eine Verwaltungsinstanz von 15 führenden Mitgliedern) ist von ihren Mitgliedern als ‚ihre kleine Organisation' wahrgenommen, auf die sie Zeit oder Geld investieren und ihre Strategie mitbestimmen wollen.

Für große bottom-up- entwickelte Verbände:

a. *Es wäre sinnvoll und möglich, einen professionellen Lobbyisten anzustellen.*

b. *Insbesondere bei Verbänden von Arbeitgebern und Kapitalbesitzern (z.B. Industrieföderationen), die sich sowohl von starker Interessenartikulation bezeichnen, als auch mit Technologie- oder multisektoralen politischen Anliegen befassen, wäre die Bildung eines multidisziplinären Teams sinnvoll.*

c. *Der Vorstand kann sich oftmals auf die Heterogenität berufen und somit argumentieren, dass er den besten – oder am wenigsten schlechten – Überblick von allen hat- und den goldenen Schnitt für alle Interessendomänen mit seinen äußeren Handlungen erreichen kann. Zugleich sollen sich aber Vertreter von allen Interessendomänen am Vorstand beteiligen. Außerdem soll jede Aufgabendomäne eine Obergrenze an vorgeschlagenen Themen haben (z.B. bis zu 3 Themen an der Tagesordnung jeder Sitzung).*

Für kleine bottom-up- und top-down-entwickelte Verbände:

a. *Sie können eine lange Amtszeit für den Vorstand einräumen, der aber von der Generalversammlung häufiger kontrolliert werden und auch widerruflich sein soll.*

b. *Der Vorstand soll relativ klein sein aber zugleich sollen mehrere Nebenausschüsse, Arbeitsgruppen und Stellen von Sachmitarbeitern (für Finanzkontrolle, Erschließung von Ressourcen, Öffentlichkeitsarbeit etc.) institutionalisiert werden. Gleiche Personen können mehrere solche Nebenrollen übernehmen, sie können aber relativ häufig und unabhängig tagen.*

c. *Das erforderliche Quorum für die Generalversammlung kann einerseits klein sein, aber andererseits soll ein Anwesenheitsminimum von den Mitgliedern verlangt werden (Anwendung von Anwesenheitslisten).*

Die kleine bottop-up- entwickelten Verbände sollen bereit sein, die obigen Maßnahmen mit größerer Beharrlichkeit zu versuchen.
Insbesondere bei kleinen top-down-entwickelten Verbänden wäre eine experimentelle Alternative die folgende:
Kurze Amtszeit (z.B. weniger als ein Jahr) aber erhebliche Entscheidungskompetenzen für den Vorstand zu probieren, mit gleichzeitiger Abschaffung der Generalversammlung. Diese Lösung würde kleinen Verbänden mit unklarer Identität erhebliche Zeit- und Geldkosten ersparen. Die Rede ist von top-down-entwickelten Verbänden, wo die eingeschriebenen Mitglieder kaum aktiv sind und nur auf dem Papier bestehen.

5.3 Offene Fragen für künftige Forschung

Der Autor hat bereits dargelegt, dass die gemeinwohlorientierten Großorganisationen die sechs machtrelevanten Strukturen auf effektivste Art und Weise kombinieren können. Die Handlungsfähigkeit bedeutet aber nicht alles für das Leben einer Organisation; eine offene und zugleich provokative Frage dazu wäre, *wem genau diese Effektivität nutzt* und zwar inwieweit die mehreren Tausend Mitglieder oder Freiwilligen, die in solche Organisationen Geld, Zeit oder auch Gefühle investieren, davon profitieren und welche Form dieser Profit hat. Mit anderen Worten, wes-

sen Interessen vertritt diese Organisation eigentlich und was ist ihre echte Identität?
Eine weitere Frage wäre die Rolle der qualifizierten Mitglieder und die *Managementmöglichkeit von vielen gebildeten Mitgliedern*: Die qualifizierten Mitglieder stellen eine Wissensressource dar, die die Handlungsfähigkeit einer Organisation verstärken könnte, wenn sie sich zentral koordinieren lassen würde. Aber das Problem ist, dass die qualifizierten Mitglieder auf die Kontrolle ungern verzichten. Ist vielleicht die einzige Lösung dazu ein multidisziplinäres hochqualifiziertes Team?
Eine letzte Frage könnte sich auf *Wandlungsprozesse* beziehen. Wie gesagt, wenn die räumliche Ausbreitung und die Heterogenität an Aufgabedomänen durch einen Top-down- Prozess entfaltet werden und zentral koordiniert werden, dann funktionieren sie wie gut kontrollierte ‚Fangarme', die an verschiedenen Orten und Sektoren ‚zugreifen', und so die Handlungsfähigkeit der Organisation begünstigen (wie z.B. bei Umweltorganisationen). Allerdings gibt es auch Organisationen, die, obwohl sie von einer zentralen Stelle in jedem Land weiter entwickelt worden sind, (wie z.B. die Freimaurerei, die Rotary oder die Pfadfinderschaft) es nicht geschafft haben, ihre räumliche und sektorale Ausbreitung als ‚Fangarme' zu benutzen. Im Gegenteil, haben die verschiedenen lokalen Stellen und Aufgabendomänen ein relativ eigenständiges Bewusstsein gebildet und ihre Beziehung zu der zentralen Stelle etwas gelockert. Sie haben nämlich mehr oder weniger den Charakter selbständiger Kleinorganisationen erhalten (eigene Traditionen, die sogar kräftiger als die schriftlichen zentralen Leitlinien sind, verschiedene Prioritätensetzungen, eigene Planung und Entscheidungsorgane etc.). Diese Situation ruft einen Bottom-up- Druck hervor wie bei Koalitionen und wirtschaftsorientierten Verbänden. Folglich basiert die Handlungsfähigkeit solcher ‚verkehrten' Organisationen nicht auf der vermutlich zentral koordinierten räumlichen Ausbreitung und der Heterogenität, sondern eher auf charismatischen und einflussreichen einzelnen Mitgliedern, Personalkräften, Öffentlichkeits-

arbeit etc. Das Koordinationsproblem lässt sich bei vielen und hochqualifizierten Mitgliedern weiter verschärfen. Es wäre sinnvoll, diese Wandlungsprozesse und Verkehrungsfaktoren, als auch die genauen Einflusspotenziale und Koordinationsmöglichkeiten dieser Organisationen zu untersuchen.

Zusammenfassung

Die Hypothesen: Die Handlungsfähigkeit (Drohpotenzial und Überredungsmacht) einer Organisation (bzw. eines Verbands) wird von drei Faktoren gefördert: Anpassungsfähigkeit an die Umwelt, Fähigkeit, Ressourcen in der Umwelt zu erschließen, und Mittel, die sie besitzt und für die anderen Akteure wertvoll sind. Die Anpassungsfähigkeit (Kontingenztheorie und Agenten-Theorie) wird von der *Zentralisierung* der Entscheidungskompetenz und der *Professionalisierung* verstärkt. Die Fähigkeit Ressourcen zu erschließen, wird von der *Heterogenität* an Aufgabendomänen, der *Multidisziplinarität* und der *räumlichen Ausbreitung* gefördert. Ein wertvolles inneres *Mittel*, von dem andere Akteure abhängen können, ist die gesetzliche Autorität, die eine Organisation evtl. hat (Eigentumsrechte oder Tarifautonomie). Der Autor wird die obigen Hypothesen möglichst mit Beispielen illustrieren und versuchen die folgenden Fragen zu beantworten: a. Wie diese Strukturen funktionieren-durch welche Mechanismen auf die Handlungsfähigkeit einwirken und welche Nachteile sie haben können, b. welche Interaktion es zwischen diesen Strukturen gibt (welche sind vereinbar mit welchen unter welchen Bedingungen), c. welche Kombinationen von Strukturen die Verbände in der Praxis anwenden können, um ihre Zieleffektivität zu verbessern und zugleich ein gewisses Mindestmaß an Legitimität abzusichern. Vorwiegend wird organisationssoziologische Literatur ausgewertet. Die Beispiele stammen aus Beobachtungen und Interviews im Europaraum (1999-2003).

Die Vereinbarkeit der oben genannten Strukturen in einem Verband hängt von zwei Hauptvariablen ab: Größe und Entstehungsprozess des Verbands (top-down oder bottom-up), der mit der Orientierung des Verbands in Verbindung steht (Gemeinwohl und Wirtschaft jeweils). Vier Organisationstypen lassen sich je nach dem unterscheiden: 1. *Große top-*

down- entwickelte Verbände, die sowohl flexibilitäts- als auch ressourcenrelevante Strukturen erhalten. Sie haben somit die stärksten Perspektiven für langfristigen Erfolg in der Politikarena. 2. *Große bottom-up-entwickelte Verbände*. Diese können eher ressourcen- als flexibilitätsrelevante Strukturen entwickeln. 3. *Kleine top-down-entwickelte Verbände*. Diese verlieren an Flexibilität und Ressourcenzugriffpotenzial. 4. *Kleine bottom-up-entwickelte Verbände*. Diese weisen den größten Verlust an Flexibilität und Ressourcenzugriff und die engsten Handlungsspielräume für Überlebensmanöver auf (Passivität: Population-Ecology-Model). Mögliche *gesetzliche Autoritäten* sind mit jedem Typ kompatibel und somit können sie die Handlungsfähigkeit jedes Verbands verbessern. Trotzdem bleiben die Größe und der Entstehungsprozess die wichtigste Basis für die langfristige Handlungsfähigkeit eines Verbands.

Die Handlungsfähigkeit ist nach Drohpotenzial und Überredungsmacht dimensioniert. Die Ressourcenverfügbarkeit (am meisten die Finanzierungsquellen) sind auch eine spezifische Art von Drohpotenzial. Das Drohpotenzial bedeutet eine Androhung von Gewalt, Sozialausschluss oder Ressourcenentzug (instrumentelle Macht). Die Überredungsmacht basiert auf dem (möglichst blinden) Vertrauen (Führungs- und Verführungsfähigkeit durch autoritative Macht- Charisma, Traditionsmacht). Die Überredungsmacht kann mittelbar und langfristig Drohpotenzial aufbringen.

Die wichtigste Struktur scheint die formale und informale *Zentralisierung* der Entscheidungskompetenz zu sein. Diese ist eine multidimensionale Struktur; ein Vorstand mit langer Amtszeit (mehrere Jahre) zentralisiert die Aufgaben mehrerer jährlicher Vorstände und auf diese Weise verbessert sich die Kontinuität und die Zuverlässigkeit der Organisation. Ein kleiner Vorstand zentralisiert die Entscheidungskompetenz auf wenige Personen und wird entscheidungsfähiger als ein größerer Vorstand; dasselbe gilt für eine kleine Generalversammlung. Die Teilnahme der Mitglieder ist in Großorganisationen sowieso eingeschränkt entweder wegen des Trittbrettfahrer-Effekts oder wegen formaler Beschränkungen. Eine gemeinwohlorientierte Organisation mit gut vermittelter Ideologie und Öffentlichkeitsarbeit kann viele Freiwillige mobilisieren und ihre Kräfte zugunsten ihrer Aktivität zentral koordinieren. Die Zentralisierung der Entscheidungskompetenz macht eine Organisation flexibler und anpassungsfähiger an ihre dynamische Umwelt (Kontingenz- und Agententheorie). Durch die Zentralisierung kann das Charisma eines Vorsitzenden oder anderer Personen sehr effektiv verwertet werden. Zugleich gibt es aber keine Garantie, dass die einheitliche Strategie, die befolgt wird, zu den erwünschten Ergebnissen führt. Darüber hinaus führt der Mangel an Pluralismus zur Atrophie der partizipativen Demokratie und der Erneuungsmöglichkeit (Nachfolgeproblem). Deshalb gibt es keine Garantie für die Zukunftsfähigkeit dieser Organisation nach dem Weggang des charismatischen oder gut koordinierten Vorstandes. Besonders schwierig wird die Zentralisierung bei Organisationen mit gebildeten Mitgliedern, da sie ein stärkeres Interesse zeigen, die Entscheidungsfindung zu beeinflussen, und damit ihre Qualifikationen einzusetzen. Durch die Erläuterung der Zentralisierung wird schon klar, warum Legitimität und Effektivität häufig nicht zusammenpassen.

Die nächste Struktur, die analysiert wurde, ist die der *Personalkräfte*. Professionalisierung bedeutet, dass eine Entscheidung auf beruflichen und akademischen Qualifikationen basiert. In Verbänden ist die Professionalisierung mit der Bürokratisierung verbunden. Die Personalkräfte finden in den Verbänden ein ‚unbeackertes Terrain', auf dem sie ihre Erfahrung oder Gewohnheiten in Regeln umwandeln. Die Existenz von Regeln legitimiert dann die Zentralisierung, die sich ansonsten durch persönliche Ansichten und Willkür auszeichnet. Dies schließt natürlich nicht aus, dass es auch Angestellte gibt, die nach gewisser Zeit die Entscheidungsverfahren beeinflussen wollen. Dies kommt am meisten bei charismatischen Angestellten vor, die oftmals die Organisation nach außen vertreten, und zwar mit erheblicher Flexibilität (professionelle Lobbyisten, die die Rolle des ‚Agenten' übernehmen). Außer der indirekten Rolle der Professionalisierung (Legitimierung und Verstärkung der Zentralisierung) fördert die Professionalisierung direkt das Implementations- und Vernetzungspotenzial der Organisation. Auf diese Weise nützt die Professionalisierung dem Drohpotenzial und der Überredungsmacht der Organisation. Die Professionalisierung kann jedoch gewisse Nachteile haben, die ähnlich denen der Zentralisierung sind (Atrophie der partizipativen Demokratie und der Nachfolgemöglichkeit). Diese Nachteile kommen insbesondere bei charismatischen Personalkräften vor, die keine wissenschaftlichen, formalisierten und übertragbaren Methoden verwenden.

Die *Heterogenität* an Aufgabendomänen ist hier als eine Form horizontaler Differenzierung (Komplexität) diskutiert worden. Angenommen dass jede Organisation auf externe Ressourcen angewiesen ist, die sie an ihrer Umwelt (ökonomische, soziale, politische und technische Bedingungen) erkennen und erschließen soll, dann soll sie an möglichst viele Aktivitätssektoren offen sein, und auch die entsprechende Infrastruktur (Datenbasis) und multisektorale Erfahrung haben, um die entsprechenden Ressourcen in jedem Sektor zu erschließen (Ressource- Dependence- Theorie). Diese Ressourcen können institutionelle Unterstützung (Anlaufstellen), Finanzierungsmöglichkeiten und Humankapital (neue Mitglieder oder Freiwillige) sein.

Die *Multidisziplinarität* (organisiertes Fachwissen) ist noch eine machtrelevante Struktur, die die Überredungsmacht stärkt. Dies kann entweder durch die Darstellung von formalen Qualifikationen als Argumentationsstärke oder durch die multiple Argumentation erfolgen. Die Multidisziplinarität scheint in Organisationen mit vielen heterogenen Aufgabendomänen und mit Gemeinwohlorientierung nötig zu sein. Die Multidisziplinarität kann als noch eine Form horizontaler Differenzierung (wissenschaftliche Arbeitsteilung) betrachtet werden.

Die *räumliche Ausbreitung* der Organisation ist eine weitere Dimension horizontaler Differenzierung, die besseren Zugang zu Ressourcen der Umwelt absichert; darunter versteht man die Anzahl der lokalen Stellen, die eine Organisation hat. Durch diese Stellen hat eine Organisation direkten Zugang zu lokalen Ressourcen (Informationen, Anlaufstellen, Bevölkerung). Diese Ressourcen verbessern das Drohpotenzial der Organisation. Insbesondere die lokalen Informationen verstärken auch die Überredungsmacht.

Letztendlich ist die *gesetzliche Autorität* von großer Bedeutung für das Drohpotenzial. Die gesetzliche Autorität erhält die Form eines gesetzlich verankerten Rechts, das für andere Akteure bei einer Verhandlung wertvoll ist (Eigentumsrecht, Autorisierung für eine bestimmte Entscheidung). Hier wurde das Beispiel vom Tarifvertrag analysiert. Dies ist als ein Konfliktregelungsmechanismus betrachtet. Der Organisationsgrad und damit die Vertretungsfähigkeit einer Gewerkschaft ist von entscheidender Bedeutung für die Erwerbung eines Tarifvertrags. Bei der Tarifautonomie steht der Führungsapparat einer Gewerkschaft im Spannungsfeld zwischen Arbeitnehmern (Mitgliedern) und Arbeitgebern. Auf diese Weise kann der Vorsitzende Drohpotenzial innerhalb und außerhalb der Organisation ausüben. Zugleich kann er oftmals flexibel wie ein ‚Agent' verhandeln.

Die Wechselwirkungen zwischen diesen Strukturen sind analysiert worden. Die Zentralisierung der Entscheidungskompetenz scheint mit der Heterogenität an Aufgabendomänen und der räumlichen Ausbreitung kompatibel zu sein, aber nur bei Organisationen, die von einer zentralen Stelle weiter entwickelt sind und sowohl die heterogenen Domänen als auch die verschiedenen lokalen Stellen unter zentraler Kontrolle behalten haben (wie große Umweltorganisationen). Dies ist der Top-down- Prozess. Bei Koalitionen oder wirtschaftsorientierten Verbänden, die von verschiedenen Kleinorganisationen mit unterschiedlichen Traditionen und Prioritäten gebildet werden (Bottom-up-Prozess), kann die Heterogenität und die räumliche Ausbreitung die Zentralisierung erschweren (z.B. bei gemischten oder multinationalen Agrarverbänden). Die Personalkräfte und die Multidisziplinarität legitimieren die Zentralisierung. Heterogenität, räumliche Ausbreitung und Multidisziplinarität stehen auch im positiven Zusammenhang zueinander. Die gesetzliche Autorität beschleunigt letztlich die positiven (oder negativen) Impacts der Zentralisierung, sofern sie als ein effektives Instrument des oligarchischen Vorstands funktioniert.

Optimale Handlungsfähigkeit erreicht ein Verband, der stark zentralisierte Entscheidungsprozesse hat, hoch professionalisiert und bürokratisiert ist, möglichst viele Aufgabendomänen mit den entsprechenden Experten hat, und auch erhebliche gesetzliche Autoritäten erworben hat. Zugleich sollten die Kräfte vieler Mitglieder oder Freiwilliger zentralisiert werden, ohne dass letztere protestieren oder eine Kontrolle verlangen. Allerdings scheinen nur große top-down-entwickelte Organisationen alle diese Potenziale effektiv zu kombinieren und trotz ihrer starken Zentralisierung einen legitimen Charakter zu erhalten. Kleine Organisationen und bottom-up- entwickelte Verbände konfrontieren sich mit dem Dilemma von *Legitimität* und *Zentralisierung*, da dort größeres Beteiligungsinteresse von der Seite der Mitglieder existiert. Diese Organisationen müssen einen goldenen Schnitt zwischen Zentralisierung und Legitimität treffen, damit sie sowohl eine gewisse Handlungsfähigkeit als auch ihren Zusammenhalt absichern. Die folgenden Maßnahmen werden dazu vorgeschlagen: Einerseits eine lange Amtszeit für den Vorstand einräumen, kleiner Vorstand, kleines Quorum für die Generalversammlung, Obergrenze von Themen an der Tagesordnung, häufige Sitzungen der Generalversammlung, Widerrufbarkeit des Vorstandes, Anstellung professioneller Lobbyisten und eines multidisziplinären Teams, und andererseits ein gewisses Minimum an Anwesenheit für die Mitglieder (Anwendung von Anwesenheitslisten), mehrere Nebenausschüsse, Arbeitsgruppen und Sachmitarbeiter. Offene Fragen für künftige Forschung könnten sein: Wem genau die zentralisierten und zugleich legitimen Großorganisationen mit ihrer Effektivität nützen und wie sie ihren legitimen Charakter trotz ihrer Zentralisierung erhalten können. Wie könnten Organisationen mit vielen qualifizierten Mitgliedern dieses Wissenskapital koordinieren, sofern die qualifizierten Mitglieder eine Zentralisierung und den damit einhergehenden Verzicht auf Entscheidungskontrolle nicht so gerne annehmen wollen. Letztlich gibt es Großorganisationen, die sich ursprünglich top-down- entwickeln, aber danach erhalten ihre Aufgabendomänen oder lokale Stellen eine gewisse Autonomie und im nachhinein Bottom-up-Druck ausüben (wie die Freimaurerei). Dieser Wandlungsprozess als auch Einflusspotenziale dieser Organisationen wären ein weiterer praxisrelevanter Forschungspunkt.

Summary: (Title: External power status and internal structures of organizations). Lobbying organizations are analyzed in this book (non-profit NGOs, landowner associations, environmental groups, worker syndicates, industry federations etc.). The external power status of an organization depends on its flexibility and resources. There are internal structures like centralization and professionalization that make an organization flexible in its social, financial and institutional environment. Other structures like heterogeneity, multidisciplinarity and spatial dispersion help an organization find resources in its environment. However, not all these structures are compatible. Four organization types can be distinguished: I. Large top-down-developed organizations which can develop both flexibility- and resource-related structures and reach the highest power status II. Large bottom-up-developed organizations which can develop resource-related rather than flexibility-related structures III. Small top-down-developed organizations which lose in flexibility and resource availability IV. Small bottom-up-developed organizations which are the weakest ones both in flexibility and resource availability. Possible legal authorizations (e.g. collective agreement) are compatible with every type and favor the external power status in any case.

Anhang

Experteninterviews:

1. Bayerischer Grundbesitzerverband (Fokus: Regionalpolitik, Lobbyismus), Bayern, 16.10.2002
2. Griechischer Verband für Umweltschutz und kulturelles Erbe (Fokus: Umwelt-, Regionalpolitik, Lobbyismus), Athen, 9.9.2002
3. BNFF (Bureau of Nordic Family Forestry) (Fokus: Umwelt-, Regionalpolitik, Rurale Entwicklung), Brussels, 12.10.99
4. CEPF (Confederation of European Forest Owners) (Fokus: Umwelt-, Regionalpolitik, Rurale Entwicklung), Brussels, 28.10.99
5. CEPI (Confederation of European Paper Industries) (Fokus: Arbeits-, Regionalpolitik), Brussels, 5.10.99
6. COPA (Comite des Organisations Professionnelles Agricole de l´Union Europeenne) (Fokus: Umwelt-, Regionalpolitik, Rurale Entwicklung, Lobbyismus), Brussels, 19.10.99
7. COPA, (Fokus: Umwelt-, Regionalpolitik, Rurale Entwicklung, Lobbyismus) Brussels, 26.02.01
8. ELO (European Landowners Organization) (Fokus: Regionalpolitik, Rurale Entwicklung), Brussels, 8.10.99
9. Finnischer Verband für Verbraucherschutz (Fokus: Umweltpolitik), Helsinki, 28.5.2002
10. Finnische Gewerkschaft von Industriearbeitern (Fokus: Arbeitspolitik, Lobbyismus), Helsinki, 16.9.2002
11. Highlands- Islands enterprises association (Fokus: Umwelt-, Regionalpolitik, Lobbyismus), Edinburgh 11.7.2002
12. MEP (Member of European Parliament) (Fokus: Arbeits-, Regionalpolitik, Lobbyismus, (Treffen in Hanover), 13.1.01
13. MEP Secretary (Regionalpolitik, Lobbyismus), Brussels, 22.10.99
14. Royal Scottish Forestry Society (Umweltpolitik, Rurale Entwicklung, Lobbyismus), Edinburgh, 24.4.2002
15. WWF (World Wide Fund for the Nature) (Fokus: Umweltpolitik, Lobbyismus), Brussels, 25.10.99

Literatur

ALDRICH, H.E./ PFEFFER, J. 1976: Environments of Organisations. In: *Annual Review of Sociology*, Vol. 2. Palo Alto, CA: Annual Reviews, Inc.

ARROW, K. 1974: *The limits of organization.* W.W. Norton & Company. Inc. New York

ATTESLANDER, P. 1995: *Methoden der empirischen Sozialforschung.* Verlag Walter de Gruyter, Berlin/ New York

BERGER, P.L./ LUCKMANN, T. 1967: The social construction of reality. New York: Doubleday Anchor

BERGMANN, J./ JACOBI, O./ MÜLLER-JENTSCH, W. 1976: *Gewerkschaften in der Bundesrepublik.* Band 1. Gewerkschaftliche Lohnpolitik zwischen Mitgliederinteressen und ökonomischen Systemzwängen. Aspekte. Herzberg am Harz

BLAU, P.M. 1968: The hierarchy of authority in organisations. In: *American Journal of Sociology*, 73, 453-67

BLAU, P./ SCHOENHERR, A.R. 1971: *The structure of organisations.* New York: Basic Books

BOSETZKY, H./ HEINRICH, P. 1989: *Mensch und Organisation.* Deutscher Gemeindeverlag. Kohlhammer. Köln

BRYMAN, A. 2001: *Social Research Methods.* Oxford

BURKOLTER-TRACHTEL, V. 1981: *Zur Theorie sozialer Macht: Konzeptionen, Grundlagen und Legitimierung, Theorien, Messung, Tiefenstruktur und Modelle.* Switzerland.

BÜSCHGES, G./ ABRAHAM, M. 1997: *Einführung in die Organisationssoziologie.* Teubner

BUSKENS, V. 1999: *Social Networks and Trust.* Netherlands

CHANDLER, A.D. 1962: *Strategy and structure.* Cambridge, MA: MIT Press

CHILD, J. 1972: Organisational structure, environment, and performance. The role of strategic choice. *Sociology*, 6, 1-22

CLARK, P.B./ WILSON, J.Q. 1961: Incentive Systems: A theory of organisations. In: *Administrative Science Quarterly*, 6:129-66

CLEGG, S. 1989: *Frameworks of power*. Sage. Wiltshire

COLEMANN, J. 1986a: *Individual interests and collective action*. Cambridge

COLEMANN, J. 1986b: *Die asymmetrische Gesellschaft*. Weinheim/ Basel: Beltz

COLEMANN, J. 1991: *Grundlagen der Sozialtheorie*. Bd.1: Handlungen und Handlungssysteme, 187-201

DALTON, R.J. 1994: *The Green Rainbow*. New Haven. Yale University Press

DEUTSCHMANN, Ch. 1988: Sind dezentralisiert Formen der Interessenvertretung überlegen? Zur Lage der japanischen Gewerkschaften. In: (Hg.) W. Müller-Jentsch, *Zukunft der Gewerkschaften. Ein internationaler Vergleich.* Campus. Frankfurt a.M. 221-249

EDWARDS, P. 1991: Konflikt und Konsens. Die Organisation der betrieblichen industriellen Beziehungen. In: (Hg.) W. Müller-Jentsch, *Konfliktpartnerschaft. Akteure und Institutionen der industriellen Beziehungen.* Rainer Hampp. München und Mering. 31-62

EISENSTADT, S.N. 1995: *Power, Trust, and Meaning. Essays in Sociological Theory and Analysis.* Chicago, London

EMERSON, R. 1962: Power- Dependence- Relations. In: *American Sociological Review*, 27

ENGLISH, M.R./ DALE, H.V./ RIPER-GEIBIG, C./ RAMSEY, W.H. 1998. Overview. *Tools to aid Environmental Decision-Making.* English, M.R./ Dale, H.V. (Ed.) 1-32. Springer

ETZIONI, A. 1967: *Soziologie der Organisationen*. Juventa Verlag. München

ETZIONI, A. 1975: *Die aktive Gesellschaft. Eine Theorie gesellschaftlicher und politischer Prozesse.* Westdeutscher Verlag. Opladen

FÜRSTENBERG, F. 1995: *Zur Soziologie des Genossenschaftswesens*. Duncker & Humboldt. Berlin

GIDDENS, A. 1997: *Sociology*. Polity Press. Cambridge

GIRSCHNER,W. 1990: *Theorie sozialer Organisationen. Eine Einführung in Funktionen und Perspektiven von Arbeit und Organisation in der gesellschaftlich-ökologischen Krise.* Weinheim und Muenchen

HAGE, J./ AIKEN, M. 1967: Relationship of centralisation to other structural properties. *Administrative Science Quarterly*, 12, 72-91

HALL, R.H. 1996: *Organizations. Structures, processes, and outcomes*. Simon and Schuster. New Jersey

HALL, R.H. 1968: Professionalization and Bureaucratization. In: *American Sociological Review*, 33, 92-104

HALPERT, B.P. 1974: *An empirical study on the relationship between power, conflict, and cooperation on the inter-organisational level.* Doctoral dissertation, Dept. Of Sociology. University of Minnesota.

HANNAN, M./ FREEMAN, J. 1977: The population ecology of organizations. In: *American Journal of Sociology*. 82, 929-64

HANNAN, M./ FREEMAN, J. 1989: *Organizational Ecology*. Cambridge. MA: Harvard University Press

HANNAN, M./ CAROLL, G. 1992: *Dynamics of organizational population.* New York: Oxford University Press

HASENFELD, Y. 1972: People processing organisations: an exchange approach. In: *American Sociological Review*, 37, 256-63

HELD, D. 1996: *Models of Democracy*. Stanford University Press

HENNING, Ch./ WALD, A. 2000: Zur Theorie der Interessenvermittlung: Ein Netzwerkansatz dargestellt am Beispiel der Gemeinsamen Europäischen Agrarpolitik. In: *Politische Vierteljahreszeitschrift*, 41.Jg. (2000), Heft 4, 647-676

HIRSCHMAN, A. 1970: *Exit, Voice und Loyalty: Responses to decline in firms, organisations und states*. Cambridge, MA. Harvard University Press

HORSTER, N. 1997: *Principles of Exchange and Power. Integrating the Theory of Social Institutions and the Theory of Value*. Münich

IMBUSCH, P. 1998: Macht und Herrschaft in der Diskussion. In: *Macht und Herrschaft. Sozialwissenschaftliche Konzeptionen und Theorien.* Leske + Budrich. Opladen. 9-26

JACOBS, D. 1974: Dependency und vulnerability: An exchange approach to the control of organisations. In: *Administrative Science Quarterly*, 19, 45-59

JORDAN, G./ MALONEY, W. 1997. *The protest business? Mobilizing campaign groups*. Manchester University Press

KANTER, R.M. 1977: *Men and women of the corporation.* New York: Basic Books

KROTT, M. 2001: *Politikfeldanalyse Forstwirtschaft. Eine Einführung für Studium und Praxis*. Parey. Wien

KROTT, M./ TRAXLER, F. 1992: *Verbändeorganisation im Umweltschutz. Strategische Entwicklungsalternativen*. Wien.

LANGE, M. 1983: *Politische Handlungsfähigkeit*. Universität Göttingen

LAWRENCE, P. R./ LORSCH, J.W. 1967: *Organisation and Environment*. Cambridge. MA : Harvard University Press

LINCOLN, J.R./ ZEITZ, G. 1980: Organisational properties from aggregate data. In: *American Sociological Review*, 43, 391-405

LUHMANN, N. 1987: *Soziale Systeme. Grundriss einer allgemeinen Theorie*. Suhrkamp. Frankfurt a.M.

MANSFIELD, R. 1973: Bureaucracy and centralisation: An examination of organisational structure. *Administrative Science Quarterly*, 18, 77-88

MAJONE, G. 1989: *Evidence, Argument und Persuasion in the Policy Process*. Yale University, New Haven und London

MEYER, J.W./ SCOTT, W.R. 1983: Centralisation and legitimacy problems of locl government. 199-215. In: Organisational environments: Ritual and rationality. Ed. J. Meyer, R. Scott. Beverly Hills, CA:Sage

MILLER, D./ FRIESEN, P. 1984: *Organizations. A quantum view*. Prentice-Hall. New Jersey

MOE, T.M. 1980: *The organization of interests*. Chicago University Press. Chicago

MÜLLER-JENTSCH, W. 1986: *Arbeitsmarkt und Kollektivverhandlungen in Gewerkschaftstheorien*. Arbeitspapier 1986-1. Arbeitskreis Sozialwiss. Arbeitsmarktforschung

NOLLERT, M. 1997: Verbändelobbying in der Europäischen Union- Europäische Dachverbände im Vergleich. In: *Verbände in vergleichender Perspektive. Beiträge zu einem vernachlässigten Feld*. 107-136. U. v. Alemann, B. Wessels (Hg.). Berlin.

OLSON, M. 1971: Epilogue : Letter to Denton Morrison. In : *Research in social movements, conflicts und change*, 2:149-50

PFEIFFER, D. 1976: *Organisationssoziologie. Eine Einführung*. Kohlhammer. Stuttgart

PFEFFER, J./ SALANCIK, G. 1978: *The external control of organisations: A resource dependence perspective.* New York: Harper and Row

POHLMANN, M.C. 2002: Management, Organisation und Sozialstruktur- Zu neuen Fragestellungen und Konturen der Managementsoziologie. In: (Hrsg.) R. Schmidt, H.-J. Gergs, M. Pohlmann. *Managementsoziologie. Themen, Desiderate, Perspektiven.* Rainer Hampp Verlag. München und Mering. 227-244

POPITZ, H. 1992: *Phänomene der Macht.* J.C.B. Mohr Tuebingen

RUDZIO, W. 1996: *Das politische System der Bundesrepublik Deutschland* (The political system of the Federal Democracy of Germany). Lest und Budrich. Opladen

SANDNER, K. 1990: *Prozesse der Macht. Zur Entstehung, Stabilisierung und Veränderung der Macht von Akteuren in Unternehmen.* Springer Verlag. Mannheim

SCOTT, W.R. 1995: *Institutions and Organisations*. Sage. Thousand Oaks, London, New Delhi

SIMON, H. 1981: *Entscheidungsverhalten in Organisationen*. Berlin

SKVORETZ, J./ WILLER, D. 1993: Exclusion and Power: A test of four theories of Power in Exchange Networks. In: *American Sociological Review*. 58, 801-818

SMITH, P. B. 1973: *Kleingruppen in Organisationen.* Ernst Klett Verlag. Stuttgart

SONNTAG, K. 1992: Ermittlung tätigkeitsbezogener Merkmale: Qualifikationsanforderungen und Voraussetzungen menschlicher Aufgabenbewältigung. In: *Personalentwicklung in Organisationen. Psychologische Grundlagen, Methoden und Strategien.*135-155. (Hrsg.) K. Sonntag. Hogrefe. Göttingen, Bern, Toronto, Seattle.

STEHR, N. 1994: Wissenschaftssoziologie. In: Kerber, H., Schmieder, A. (Hrsg.). *Spezielle Soziologien – Problemfelder, Forschungsbereiche, Anwendungsorierntierungen.* Hamburg, 541-555

STRAUCH, M. 1993a: Lobbying in Bonn und Brüssel. In: *Lobbying. Wirtschaft und Politik im Wechsel.* (Hrsg.) M. Strauch. Wiesbaden. 61-89

STRAUCH, M. 1993b: Lobbying- die Kunst des Einwirkens. In: *Lobbying. Wirtschaft und Politik im Wechsel.* (Hrsg.) M. Strauch. Wiesbaden. 17-60

TÜRK, K. 1995: Die Organisation der Welt. Herrschaft und Organisation in der modernen Gesellschaft. Westdeutscher Verlag. Opladen

VOGT, J. 1997: *Vertrauen und Kontrolle in Transaktionen. Eine institutionsökonomische Analyse.* Betriebswirtschaftlicher Verlag. Wiesbaden

WALKER, J.L. 1991: *Mobilizing interest groups in America.* Ann Arbor. University of Michigan Press

WAPNER, P. 1996: *Environmental activism and world civic politics.* State University of New York Press

ZINTL, R. 1993: *Clubs, Clans und Cliquen.* In: *Ökonomische Verhaltenstheorie.* (Hrsg.) T. Ramb, M. Tientzel. München. 89-117

WEBER, M. 1947: *The theory of Social and Economic Organisation.* Free Press, New York, USA

WEITBRECHT, H. 1969: *Legitimität und Effektivität der Tarifautonomie: Eine soziologische Untersuchung am Beispiel der deutschen Metallindustrie.* Duncker & Humbold. Berlin

WILLIAMSON, O.E./ WACHTER, M.L./ HARRIS, E.J. 1975: Understanding the employment relation: The analysis of idiosyncratic exchange. In: *Bell Journal of Economics 6, 250-278*

Nicolas D. Hasanagas

Power factor typology through

Organizational and Network analysis

- Using environmental policy networks as an illustration -

Power = f (Organization, Network)

ibidem

Nicolas D. Hasanagas

Power factor typology through Organizational and Network analysis

– Using environmental policy networks as an illustration –

ISBN 3-89821-386-2

162 p., Paperback, € 24,90

Erhältlich in jeder Buchhandlung oder direkt bei

ibidem

Who can be powerful and when? Power is a function of network and organizational characteristics and therefore denies an actor (e.g. a NGO or trade union) to be powerful in all networks. To prove this idea, power and institutional theories as well as organizational models will come into use while proposing different types of power factors. Such factors include combinations of organizational and network characteristics that combine to produce high power synergy and low inconsistency. The first dimension of power is trust: the trustee leads the one who trusts. The second dimension is financial incentive: the gift giver influences the gift receiver. The third dimension is irreplaceability. The typology of power factors (organizational and network characteristics) was derived from both inductive and deductive processes. By using statistics-based vector algebra as a basis for the methodology, a survey covering 12 environmental policy networks in 8 European countries was conducted and more knowledge on power was obtained.

The Author: Nicolas D. Hasanagas studied Planning and Development of Natural Resources (MEng. eq.) at Aristotle University of Thessaloniki in Greece, Sociology, Political Science and Ethnology (MA) at Goettingen University in Germany, and he obtained his PhD in Social Sciences in 2004 at Goettingen University as well. While focusing on organizational research and policy research, he was a functionary in various NGOs and is currently a member of several academic and professional bodies. He participated in developmental and research EU projects and has published in several academic and practical journals. In addition, he has conducted presentations at international conferences concerning Organizational Theory, EU policy-making and institutional analysis, Policy Analysis, Environmental Policy, Science Studies and Development Policy.

ibidem-Verlag • Melchiorstr. 15 • 70439 Stuttgart • Tel.: 0711/9807954 • Fax: 0711/8001889
ibidem@ibidem-verlag.de

***ibidem*-Verlag**
Melchiorstr. 15
D-70439 Stuttgart

info@ibidem-verlag.de

www.ibidem-verlag.de
www.edition-noema.de
www.autorenbetreuung.de

Zeitfracht Medien GmbH
Ferdinand-Jühlke-Straße 7
99095 Erfurt, Deutschland
produktsicherheit@kolibri360.de